DUMONT
杜蒙·阅途

附赠地图

莫斯科

德国梅尔杜蒙公司 编著
孔德斐 译

北京出版集团公司
北京出版社

书名原文：Moskau
© MAIRDUMONT GmbH&Co.KG, Ostfildern

图书在版编目（CIP）数据

莫斯科 / 德国梅尔杜蒙公司编著；孔德斐译. —北京：北京出版社，2020.1

（杜蒙·阅途）

书名原文：Moskau

ISBN 978-7-200-15162-6

Ⅰ. ①莫… Ⅱ. ①德… ②孔… Ⅲ. ①旅游指南—莫斯科 Ⅳ. ①K951.29

中国版本图书馆CIP数据核字（2019）第214247号

图　字：01-2019-0370号　　审图号：GS（2019）3013号

责任编辑：黄雯雯
执行编辑：张　桐
封面设计：魏建欣
责任印制：武绽蕾

杜蒙·阅途

莫斯科
MOSIKE

德国梅尔杜蒙公司　编著

孔德斐　译

*

北　京　出　版　集　团　公　司
北　京　出　版　社　　出版

（北京北三环中路6号）
邮政编码：100120

网　　　址：www.bph.com.cn
北　京　出　版　集　团　公　司　总　发　行
新　华　书　店　经　销
天津市银博印刷集团有限公司印刷

*

787毫米×1092毫米　32开本　4.625印张　154千字
2020年1月第1版　2020年1月第1次印刷
ISBN 978-7-200-15162-6

定价：58.00元

如有印装质量问题，由本社负责调换
质量监督电话：010-58572393

来自德国的问候
预祝您拥有一个美好假期!

亲爱的读者:

或许您会问自己,为何您买了一本德国而非本国制作的旅行指南?但请放心,您已经为此做出了一个正确而又明智的选择。

在2012年中国取得全球旅行冠军之前,该头衔一直被德国保持。对于德国这样一个"小国家"来说,这是令人惊叹的!原因可能是,自1950年开始,旅行的梦想对于广大的德国人来说开始变得更为现实。因此,梅尔杜蒙在与北京出版集团的合作中茁壮成长。

"梅尔杜蒙"的故事是一个了不起的故事,从充满冒险的旅程到成为家族的旅行事业,直至今天已传承三代,现由创始人的孙女继续领航这一成功之旅。如今的"梅尔杜蒙"已是欧洲旅游产品领域遥遥领先的品牌。

手握这样一本旅行指南,您可以高枕无忧。请您相信,无论您要去的是世界的哪个地方,梅尔杜蒙近百年的专业经验以及适合中国旅行者的本土化信息,都可以帮您更精确地了解旅行目的地。

请您开始一段全新的奇遇之旅吧!

这本书会是一个随时陪伴您的伙伴,预祝您有一段充满新的发现和希望的完美旅程!

中国作者
宋琳
（SLinko）

旅游产品设计师，捧过撒哈拉的沙、冲过巴厘岛的浪、飞过土耳其的山崖，做过死海的SPA……追求兼具深度与趣味的酷旅行，希望带着孩童般饱满的好奇心一直走下去！

德国作者
克里斯多夫·布雷默
Christopher Braemer

克里斯多夫后悔没有在俄语课上用心一些。他至今仍记得初来乍到时，第一任房东波雷奇（Borik）毫无预警地出现在普尔科夫机场，帮他搬运行李并为他订购去莫斯科的往返车票。完成了在圣彼得堡的大学学业之后，克里斯多夫选择留在莫斯科并成为了一名记者。时至今日，他唯一不习惯的就是加盐的荞麦粥。

梅尔杜蒙的故事

希尔德（Hilde）和库尔特·梅尔（Kurt Mair）是为旅行而生的。早在20世纪20年代第一次世界大战刚刚结束时，他们就驾驶着汽车或者摩托车穿梭在欧洲大陆上。漏气的轮胎、过热的冷却液、失灵的刹车，这些都无法阻挡他们前进的步伐。那时有很多我们今日无法想象的场景，甚至没有一张地图！即使是这样，连撒哈拉大沙漠也无法阻挡梅尔夫妇的冒险之旅。同样他们也会做测绘之旅，这些被探测的路况信息会被精确地整理和保存。第二次世界大战结束后，1948年，库尔特·梅尔成立了公司，路书和地图册是他们的主营产品。库尔特·梅尔离世后，他时年26岁的儿子福尔克马尔·梅尔（Volkmar Mair）继承并领导这个企业，为今天的梅尔杜蒙集团打下了基石，使集团成为一个全球性的媒体集团，其在全球拥有多家办事处，员工380名，年销售额约1亿欧元。

今日的梅尔杜蒙集团不仅仅提供地图，旅行指南、旅行画册、旅行冒险和电子产品构成了集团丰富的产品组合。在中国，梅尔杜蒙与北京出版集团于2014年成立了合资公司，开始服务于中国旅行者日益增长的需求。

莫斯科

8 欢迎来到莫斯科

14 当地锦囊

16 体验莫斯科
   16 免费畅游
   17 本色莫斯科
   18 雨天游玩
   19 休闲之所

20 潮流之选

22 莫斯科面孔

28 景点
   31 克里姆林宫和红场
   39 中国城和东北区
   46 河畔区
   51 阿尔巴特街和特维尔大街
   58 市郊

68 美食

82 购物

94 夜生活

104 住宿

图标		酒店价格（不含早餐的双人房）	餐厅价格（不含酒水的正餐）
当地锦囊	当地锦囊	￥￥￥ 人民币1 550元以上	￥￥￥ 人民币155元以上
★	必游景点	￥￥ 人民币850~1 550元	￥￥ 人民币95~155元
●●●●	体验莫斯科	￥ 人民币850元以下	￥ 人民币95元以下
☼	远眺点		
ⓥ	适合环保、生态旅游		
(*)	拨打需付费的电话号码		

目录

114 独特体验之旅
- 114 莫斯科最美之旅
- 118 莫斯科购物之旅——在庭院、拱门和长廊之间闲庭信步
- 121 莫斯科地铁之旅——灿烂辉煌的地下宫殿
- 124 莫斯科文化之旅——走进老城区，追寻大文豪们的足迹

128 带着孩子旅行

130 每月节庆与活动

132 旅行随时查

134 实用信息

140 教你当地话

144 索引

148 禁忌事项

信息检索
轻松时刻→P.35
都市徒步真人秀→P.54
城市生活与运动健康→P.66
美食美店→P.72
特色美食→P.74
书籍与电影→P.93
莫斯科大马戏团→P.101
像莫斯科人一样热爱体育→P.103
夜不能眠，眠不觉晓→P.108

节庆日→P.131
它们值多少钱→P.135
莫斯科天气→P.137
莫斯科地铁线网图→P.139

地图标注
（折页A-B2-3）：折页地图上的位置

欢迎来到莫斯科

当富人驾驶着越野车在城市里全速驰骋,"俄罗斯大妈"们却以钢铁般的意志在深冬时节站在地铁站前卖罐头,只为了能在自己微薄的养老金之外多一点收入,改善一下生活——这座超级大都市生活着千千万万境遇各异的俄罗斯人。

今天的莫斯科正展现出独有的魅力与光彩。从汇集当代艺术佳作的车库当代艺术博物馆(Garage Museum of Contemporary Art)到上演前卫戏剧作品的果戈里中心(Gogol Center),从多媒体艺术博物馆(Multimedia Art Museum)的摄影展、莫斯科河河畔斯特雷卡酒吧(Strelka)天台的DJ秀,到牧首塘(Patriarch's Ponds)一带的慢食运动,再到高尔基公园(Gorky Park)林荫道的滑板玩家——莫斯科正刮起一股新风潮,人们有了新的生活态度。即使经济危机四伏,莫斯科仍霓虹闪烁:不只是克里姆林宫(Kremlin),还有各大教堂和斯大林(Stalin)时代建造的摩天大楼,雕花石膏外墙和洋葱式尖塔,闪闪发光的玻璃塔和灯火辉煌的酒店门面,浩瀚的灯海照亮了莫斯科的夜空,似与繁星争

上图:大教堂广场

莫斯科

辉。这里不知节省用电,在这里没有黑夜,马路上总是车水马龙,即使到了深夜也是如此。花花绿绿的霓虹灯是商店、俱乐部和酒吧用以招徕顾客的方式。莫斯科是大学生和艺术家之城,夜生活文化生生不息之地,权力和商业的中心。拥有约1 500万居民(据非官方统计还要更多)的莫斯科是欧洲当之无愧最大的都市。

> 国际大都市莫斯科永远是俄罗斯的心脏。

俄罗斯全国大多数的资本汇集到了莫斯科河河畔。但是近年来西方国家的制裁对莫斯科产生了不小的冲击。金融中心和中央商务区"莫斯科城(Moscow City)"里林立的摩天大楼熠熠生辉,本计划成为一个新的国际金融中心,如今却陷入了大量办公室空置的窘境。所幸这些危机对这座历史古城的宏伟壮丽至今尚未损分毫。从蒙古人的统治下解放之后,莫斯科大公们就从这里开始了俄罗斯国土的累积。莫斯科从来都是俄罗斯的心脏,即使大约200年前俄罗斯曾迁都至圣彼得堡(Saint Petersburg)。过去近千年来,围绕着克里姆林宫的这片土地拂过建设的春风,接受了炮火的洗礼,并且诞生了大量的文学著作。正是在这些年,一个庞大的帝国冉冉升起,它经历了多次社会的变革,也累积了大量文化上的财富。红场便是这一切的见证。

这里跳动着俄罗斯的脉搏。在克里姆林宫和前克格勃中心(Ex-KGB

新兴的金融中心和中央商务区"莫斯科城"

欢迎来到莫斯科

Centre）之间一方窄窄的地界上簇拥着议会大厦（Parliament）、宪法法院（The Constitutional Court）和总统办公厅（Presidential Executive Office），还有列宁墓（Lenin's Mausoleum）和圣瓦西里升天大教堂（Saint Basil's Cathedral）、莫斯科大剧院（Bolshoi Theatre of Russia）和古姆国立百货商店（GUM）。

不管白天还是晚上，克里姆林城墙前总有形形色色的人来来往往：曾经生活在严酷气候环境的西伯利亚人、留着大胡子的高加索人、身材魁梧的吉尔吉斯人、充满求知欲的东亚人、缠着头巾的印度人、常常戴着金链提个小包的俄罗斯人，这里有成群结队的小学生、警察、大学生、穿着溜冰鞋的可爱姑娘和总是骂骂咧咧的大妈。莫斯科是亚洲和欧洲交融碰撞的地方。

各色充满异域风情的美食齐聚俄罗斯首都，形成当地独有的饮食多样化。到莫斯科可以好好利用这点，比如想吃手抓饭、起司面包或者拉面，并不需要再特地去塔什干（乌兹别克斯坦首都）、第比利斯（格鲁吉亚首都）或者比什凯克（吉尔吉斯斯坦首都）旅行（以上三国均为苏联的加盟国——译者注）。然而聪明的俄罗斯厨师还是忠于个性美食，往往呈上的是当地特色的荞麦和红菜，而非意大利干酪和希腊橄榄。粮食禁运和经济困难无意中带来了本土美食的回归。牧首塘一带成为首都新的美食中心。路过的人常常有种来到巴黎或者柏林的错觉，咖啡厅里坐满了年轻人。与此同时，莫斯科正在实践一些标新立异的餐饮理念。在餐厅 True Cost 需要先付门票再花很少的价钱大吃一顿。遍地开花的钟点咖啡馆是按分钟支付卢布而不是按所喝的杯数。咖啡馆还有免费畅享的饼干——建议您体验一下！

> 聪明的厨师还是忠于荞麦之类的本土食材。

莫斯科人的绿色环保意识近年来在不断增强，而足球世界杯的筹备和举办也促进了城市基础设施建设和环境改善。高尔基公园在几年前首开先河，当时环保理念战胜了商业利益。过去有些蓬乱的公园充斥着锈迹斑斑的旋转木马和出售廉价啤酒的小店，如今都变成了绿洲，让莫斯科有了焕然一新的绿色市容——大片的绿色草坪、整洁的餐厅露台、欢乐的舞蹈集会和定期的室外活动。除此之外，还有自行车甚至长板的租赁处，许多当地年轻人喜欢租个单车或长板，轧过公园的林荫道。以前，在拥挤的汽车长龙旁，行人或自行车几乎无法通行，现在，不仅人行道拓宽了，还铺设了许多自行车道。每年市中心都会新增若干步行街。

漫步在莫斯科，只要稍加用心便可读出历史在这些城墙中留下的轨迹。沙皇亚历山大一世（Alexander I）让莫斯科在拿破仑的战火蹂躏后严格按照计划重建，所以市中心几乎所有的城堡都相对更年轻——都是在1812年的战争之后建

莫斯科

造的。除了克里姆林宫和一些教堂，城中建于中世纪的建筑寥寥无几。随着19世纪的迅速发展，城里形成了一些拥有井然有序街道和青春艺术风格建筑的居民区。到了斯大林时代，政府全力推进了新的建筑风格。在他的"建筑重构"指导思想下，一批巴洛克式建筑应运而生：最具有代表性的是被戏称为"斯大林七姐妹"的婚礼蛋糕楼。在斯大林时代结束之后，新型板材建筑开始在莫斯科大行其道。

莫斯科新生活态度的象征是充满未来感的扎里亚季耶公园（Zaryadie Park）。这个新建的大型公园面积13公顷，此地原是苏联的混凝土建筑——拥有3 182间客房的罗西亚酒店（Hotel Rossiya）。莫斯科的城市规划改革已见成效。因为扎里亚季耶不但是克里姆林宫和莫斯科河（Moscow River）的理想摄影取景地，而且改变了俄罗斯在全世界的印象，正如伊尔加·瓦拉莫（Ilja Warlamow）在博客里中肯的评价：时尚、通透和绿色。纽约一家建筑设计室内陈列着一个微缩版俄罗斯的设计草案：从北方的冻土荒原到南方的西伯利亚大草原分布着4个植被区，并且堆积一些新的山丘，以改变当地的地貌。扎里亚季耶只是莫斯科的愿景"智慧城市"的一部分。这座城市之后的变化仍需拭目以待。

> 扎里亚季耶公园：莫斯科新生活态度的象征。

1992年，尤里·卢日科夫（Yuri Luzhkov）被俄罗斯首任总统鲍里斯·叶利钦（Boris Yeltsin）任命为莫斯科市长，从此一干就是18年。在每次市长直选中卢日科夫都以压倒性的得票率轻松过关。卢日科夫受莫斯科市民认可，主要是因为他治理城市有方。

弗拉基米尔·普京（Vladimir Putin）在千年之交上台，之后数年，天时地利，俄罗斯国力得到提升。进入新世纪的莫斯科，也得到了新的发展。目前，俄罗斯全国近80%的金融资本聚集在莫斯科。俄罗斯联邦的政府收入里几乎1/3是莫斯科市创造出来的。除了少数的联邦机构使用的土地和宗教场所，莫斯科市政当局几乎拥有全市所有的土地。如今，经过大刀阔斧的重建，莫斯科摩天大楼高耸入云，高档写字楼、超级市场和崭新的居民住宅区拔地而起，地铁线延伸到了偏远的郊外。2010年，普京信任的谢尔盖·索比亚宁（Sergey Sobyanin）出任莫斯科市长至今。

虽然有时候事后回想，要是当时门口绷着脸的大叔拦着没让进去就好了：因为莫斯科的夜生活实在太让人沉醉。在低档酒吧，大家很难只喝几杯伏特加就散场。在电子音乐里，躁动的莫斯科潮流人士夜夜热舞到黎明，狂欢派对可以蔓延到任何角落：比如加格尔德（Gazgolder）曾经的军工厂厂区，时尚设计中心Artplay的罗德尼亚酒吧（Rodnya）天台，或者莫斯科河林荫道旁的"吉卜赛

欢迎来到莫斯科

（Gipsy）"——这家主流酒吧拥有克里姆林宫的极佳观景视野。莫斯科没有固定的现场表演俱乐部，所以不要试图寻找这样的酒吧！这可能和城市的管理政策有点关系，过去的那些年间许多家现场俱乐部因此而被关闭。不过在莫斯科绝对不会感到无聊，因为每个时期都会出现一些新的俱乐部。

  总是在路上，要么在人满为患的地铁里，要么在数不胜数的集市上，常常风风火火，往往形色匆匆，这就是莫斯科人——抛开这些陈旧观念吧！虽然他们看起来不苟言笑，在地铁上静默不语，但是很多时候莫斯科人热心得出人意料，并且总是耐心又详尽地给予答复，比如有人问路的时候。除了在可以淘到苏联时期怀旧艺术品和二手商品的市场，在莫斯科的其他地方也能比预想更快地结识朋友。初识莫斯科就像一个跳伞的过程：一开始所有的一切都如浮光掠影般一闪而过，但是很快就能适应这种节奏，即使在地铁的汹涌人潮里也能从容自若，而不再紧紧地抓着手机茫然不知所措。今天，当您漫步在这个俄罗斯大都市的繁华街道上，当您走过高雅的商店、别致的房屋和修葺一新后宏伟的博物馆，当您欣赏着集市上琳琅满目的商品，当您穿梭在五光十色的时装店……您几乎无法想象，这座城市在20世纪90年代初还是满目疮痍、暗淡无光。尽管问题重重，但现在的莫斯科正欣欣向荣、百花齐放。它向全世界的游客敞开大门。请您亲自来认识一下这座城市吧！

即使是见多识广、买遍全球的消费人群，莫斯科的商场也能满足他们的高标准

当地锦囊

从所有的当地锦囊中,我们为您挑选出了15条最棒的旅行建议。

当地锦囊 身着复古制服的魁梧骑兵

夏季的每个周六都会在红场举行阅兵式。届时俄罗斯总统警卫团的骑兵们将身着复古华丽的制服进行队列表演。这是一场不容错过的视觉盛宴(上图)。→ P.35

当地锦囊 在俄罗斯温暖过冬

您也许会好奇,莫斯科人如何保护他们的双足,以抵御冬日的严寒?只要拜访毡靴博物馆,就能找到答案。→ P.60

当地锦囊 动感园地

高尔基公园是莫斯科市民晒太阳、享受休闲的首选宝地。热舞、轮滑、溜冰、骑行……莫斯科的这座"中央公园"的"打开方式"多种多样。→ P.48

当地锦囊 清君一试!

潮流前卫的餐吧True Cost & Grill位于一处地下室内,即使您起初因为还要买门票而犹豫,之后的珍馐美馔定会让您觉得值回票价。→ P.72

当地锦囊 女间谍的商店

作为一名前克格勃情报人员,店主曾在英国和美国工作过。如今她在Flacon设计工厂出售晚礼服。→ P.87

当地锦囊 全天候的早餐店

新加坡、里约热内卢还是开普敦?在餐厅Cook'kareku,您可以选择在任意时区的"早饭时间"享用早餐。即使睡过头也没关系。→ P.71

当地锦囊 宁静时分

牧首塘周围的咖啡厅和时装店既富有个性又变化多彩。随心所欲地走,享受片刻的闲暇。→ P.56

🔶 电音风的芭蕾舞

莫斯科芭蕾舞团的年轻舞者和编舞师中的新生代充满创意激情,它们将现代舞蹈和斯特拉文斯基的音乐作品、高科技舞曲或者声效拼贴歌曲美妙而独特地结合在一起,并屡获大奖。→ P.96

🔶 不再是快餐的汉堡

莫斯科最好的汉堡并不是人们通常印象中的快餐:在时尚餐厅Voronezh,20道美味肉食大餐的食材均来自莫斯科郊外的农户。保证你会将麦当劳远远抛在脑后!→ P.72

🔶 胜利之舞

虽然在世的参加过卫国战争的老兵人数越来越少,但是每年的5月9日,他们仍一如既往地聚在一起庆祝胜利,接受人们的致敬。→ P.130

🔶 俄罗斯文化之魂

你对俄罗斯的历史和文化了解得越多,在新圣女公墓认识的墓主就越多。这里凝聚着俄罗斯民族深沉的灵魂。→ P.64

🔶 耳畔低语

没有导游,只有耳机里传来的神秘声音:跟随"遥远的莫斯科",用边城市漫步边"参与表演"的方式,认识著名景点以外的莫斯科。→ P.54

🔶 高雅氛围里的平价薄煎饼

普希金咖啡馆传承俄罗斯民族经典,扬名国内外。这里既提供价格亲民的商务午餐,也不乏吸引"老饕"的精致佳肴(下图)。→ P.75

🔶 坦克车辙上的旧物市场

斯瓦尔卡曾经是生产装甲车的工厂,如今成了旧物爱好者们流连之地。在这里可以淘到许多便宜的二手商品,比如各式各样的服饰、充满年代感的老物件和饰品。→ P.90

🔶 一流的观景房

莫斯科金融区的摩天大楼里不仅有银行家们的办公室,还有著名的旅舍High Level Hostel。在这里,花很低的价钱就可以拥有俯瞰整座城市夜景的绝佳视野。→ P.108

体验莫斯科

免费畅游
既省钱,又能发现新事物

省钱有道

● **在夜晚尽情摇摆**
萨尔萨、探戈或者恰恰——高尔基公园的舞蹈课就像是为初学者量身定做的。在夏日里的傍晚,林荫道化身为莫斯科最大的舞池。每个人都可以免费参与,不需要报名登记。→ **P.48**

● **随心所欲的环游路线**
自导自演一次免费的城市环游。从胜利公园登上2路公交车到列宁博物馆。从这里可以步行前往克里姆林宫和红场。往市里方向走的路上会经过一座白色的建筑——那就是联邦政府办公大楼("白宫")。→ **P.63**

● **新生代音乐家**
格涅辛音乐学院孕育着未来的古典音乐之星。学生们举办的音乐会不仅具有很高的欣赏价值,而且是免费的。→ **P.98**

● **单车上的免费旅行**
虽然莫斯科从来不是骑行圣地,但像其他的大都市一样,在市中心的公园和绿地旁边还是有一些自行车租赁点。在这里可以租借Velobike的自行车。前半个小时骑行是不收费的。
→ **P.135**

● **精彩木世界**
仿佛俄罗斯的童话王国,神奇梦幻的科罗缅斯科耶皇家庄园占地面积390公顷。这片曾经的沙皇寝宫现如今俨然成为一个免费的露天博物馆群落。它向游客生动展示了令人赞叹的俄罗斯建筑发展史(左图)。→ **P.60**

● **河清如许,入水微凉**
婉转鸟鸣取代了城市喧嚣,茵茵草地取代了灰色沥青。在城市西郊的银松林,有一处广受欢迎的莫斯科河游泳点。在这里不需门票,便可以在清凉的河水中畅游,并且避开了熙攘的人潮。这里的河水清澈干净,从北往南流。→ **P.63**

本色莫斯科
不容错过的特色体验

● 熠熠生辉的莫斯科大剧院
古朴典雅的室内环境，美妙绝伦的歌剧和芭蕾舞。重新修葺后的大剧院再现了沙俄时期的辉煌，令人过目难忘（右图）。除了经典剧目，这里也经常会上演一些颇具话题性的舞台实验作品。→ P.96

● 冰上运动
也许自苏联队屡屡斩获金牌，或是从孩子们四处追逐冰球的时候起，莫斯科人一直对冰上运动保持着高涨的热情。每年的11月至次年3月，在红场辟建的溜冰场上，人们尽情玩乐。高尔基公园在冬季也是理想的滑冰场所。→ P.39、P.48

● 伏特加面面观
想学习酿造伏特加酒？伏特加历史博物馆里陈列着所有必需的物件。这个博物馆位于伊兹梅洛沃的克里姆林宫内，展示了伏特加悠久的历史。→ P.63

● 瞻仰列宁
革命导师列宁的遗体如今安放在克里姆林宫旁的列宁墓中供世人瞻仰。无法预知这种探视还能持续多久。守护列宁墓的荣誉卫兵早已撤走，不过现在仍然可以入内瞻仰。→ P.38

● 复活节弥撒
如果正好赶在东正教的复活节或者圣诞节拜访莫斯科，一定要参加一下夜晚的礼拜仪式。不要有任何顾虑，俄罗斯东正教的信徒们比传言中宽容得多。女士们需要佩戴头巾。基督救世主大教堂和新圣女修道院的弥撒最令人印象深刻。→ P.54、P.64

● 战争与和平
离高尔基公园不远处有一栋朴素低调的木屋，伟大的作家和思想家列夫·托尔斯泰曾经在此生活。至今这处故居的装饰和布置依然保存着沙俄时代的风格，甚至还保存着一段托尔斯泰的录音。→ P.67

本地特色

雨天游玩
下雨天，也美妙

● **怀旧游戏时光**
　　阴雨连绵的下午在苏联游戏机博物馆最好打发时间。如果觉得桌上足球和猎兔游戏太过简单的话，在交通标志竞猜游戏里很快就能发现山外有山，人外有人。→ P.45

● **地下购物**
　　猎人商行购物中心（左图）位于马涅什展览中心地下，共有3层。顶层的咖啡厅和餐厅可以欣赏亚历山大花园和克里姆林宫的风景。→ P.88

● **高雅艺术**
　　徜徉在莫斯科的各大艺术博物馆，即使下雨天也如白驹过隙。除了普希金博物馆，"文艺青年"必去的还有特列季亚科夫画廊，这里收藏的珍品从中世纪圣像画到马克·夏加尔的作品，不一而足。→ P.51

● **在集市闲逛**
　　多罗戈米洛夫斯基市场上不只有风味小吃，还有很多果脯与蜜饯摊、清真肉铺，到处是"喂，兄弟"的招徕吆喝声。→ P.89

● **没有卷轴的图片展**
　　多媒体艺术博物馆位于基督救世主大教堂附近。总共7层的场馆内展出俄罗斯各个历史时期和国际知名艺术家的摄影作品，展览会不定期更换。在这里不但可以躲避雨雪，还能消遣解闷。→ P.63

● **雨中泛舟**
　　倾盆大雨之下，在莫斯科河上乘船游览？行不通？当然可以。不管大雨如注，或是河面上遍布浮冰的日子，雷迪森游船一年365天从不停歇。待在全景玻璃舱顶下，人们身上总是滴雨未沾。→ P.135

下雨时分

休闲之所
深呼吸，尽情享受，忘记烦恼

放松身心

● **蒸汽浴**

俄罗斯浴是一种传统的蒸汽浴，它是非常具有当地特色的休闲保健方式。在莫斯科的高档浴场——比如桑都尼俄罗斯浴室，您可以在环境优雅的浴室里得到彻底放松，大汗淋漓后体验肩颈按摩或者指甲护理。→ P.35

● **仰望星空**

没有什么比繁星更高远。莫斯科天文馆不仅普及了许多天文知识，而且可以让人舒服地窝在巨大穹顶之下的沙发椅里，欣赏浩瀚星空的绝美景象。此外，馆内还有颇具吸引力的3D影院和三家咖啡厅。→ P.66

● **甜丝丝的烟和热腾腾的茶**

俄罗斯的水烟吧总让人有宾至如归的感觉，不只是因为这里布置得像家一样。阿尔巴特街的休闲书吧，除了有充满果味甜香的各种烟草，还有图书、国际象棋和热茶。卫生间里播放的是曾在阿尔巴特街生活过的文豪们诵读的经典著作。还有哪儿比这儿更加轻松惬意吗？→ P.21

● **从头美到脚**

国际大都市莫斯科的市中心有一片繁华之地——特列季亚科夫斯基巷。特列季亚科夫温泉沙龙就是坐落于此的休养绿洲，这里提供全方位的理疗服务：从脸部美容到头发护理，乃至足部按摩，能消除全身的压力与疲劳。→ P.88

● **花小钱买时间**

在钟点咖啡馆Ziferblat，消费是按时间计算的。在这家悠闲的咖啡厅，您可以安心地享用美味的饼干和奶咖，不用担心因为有人等位而被请走。→ P.73

● **天赐心安**

如果因为大都市的喧闹而感到烦扰，那就去红场的喀山圣母大教堂吧（左图）。在虔诚的信徒中间，您一定可以找到一席之地，让东正教礼拜仪式上的赞美诗带给您内心的平静。→ P.39

潮流之选

嘘！秘密！

地下酒吧 入口低调隐蔽，只在晚上营业，酒精是这里的最爱：地下酒吧店如其名，它是美国禁酒令时代出现的地下酒吧在莫斯科出现的新变种。莫斯科的秘密酒吧有城里最好的鸡尾酒——比如chaynaya（🏠 Pervaya Tverskaya-Jamskaya 29/1 📞 7 49 59 67 30 52）从国外搜罗来的稀缺货，这些酒在俄罗斯因为经济制裁而价格高昂或者根本买不到。想要入店，只能通过朋友介绍，经过电话预约（需要运气非常好才能打通），并且给出一个有创造性的理由才可能成行。Public Bar（🏠 Ulitsa Pokrovka 38a 📞 7 92 55 97 10 43）隐匿于一处庭院内，大理石的外墙设计有点让人联想到莫斯科地铁。"薛定谔的猫"酒吧（Kot Schrodingera 🏠 Ulitsa Bolshaya Dmitrovka 32 @ www.kotbar.ru）的入店方式更简单一些：这家位于内庭地下室的酒吧墙上装了一个折叠门，只要按动对面的门铃，门便会打开。酒保们身穿化学实验室那样的工作服，为顾客递上的鸡尾酒盛放在一个像手榴弹的奇特酒器中。无论酒吧内的布置如何千变万化，万变不离其宗：美酒无处不在。

❷ 温柔爱抚

猫咪咖啡馆 一边悠闲地喝着咖啡，一边听着怀里猫咪心满意足的呼噜声——还有比这更放松的时刻吗？猫咪咖啡馆的时尚风潮从东亚传播到了莫斯科。叶戈尔·库森（Jegor Kusin）的"猫咪与人"咖啡馆（Kotiki i Lyudi 🏠 Gilyarovskogo Ulitsa 17 @ kotocafe.ru）是行业中的先行者。咖啡馆Kotofeynya（🏠 Maroseyka 10/1 @ catcoffeeshop.ru）不仅有细致的卫生规定，还有特别针对孩子们的行为守则：

> 莫斯科有许多新鲜事物等待您去探索。

只有猫咪自愿过来,才可以对它进行爱抚。这里也是依照钟点咖啡馆的原则按分钟收费的。更夸张的是Kotiki-Enotiki(🏠 Staropetrovsky Proyezd 1/2 @ kotikienotiki.ru),店里除了有14只猫,还有两只浣熊。不过不用担心,猫咪的厕所是在一个独立的隔间!

啤酒花王国

精酿啤酒 从印度艾尔啤酒到美式淡色艾尔酒,再到今天的双倍IPA,即DIPA……莫斯科人喝精酿啤酒就像喝水一样。Pivbar(🏠 Pervaya Tverskaya-Jamskaya 2/1 @ piv-bar.ru)提供超过80个品种的精酿啤酒;Rule Taproom(🏠 Starovagankovsky Pereulok 19/7 @ www.ruletaproom.ru)拥有27个手工打造的啤酒龙头,有的像指节套环,有的像手榴弹;地下室酒吧Birtaim(🏠 Sushchevskaya Ulitsa 19)的精酿啤酒在这个俄罗斯啤酒花王国大概算是价格最低的。各式各样的啤酒取名别出心裁,只是为了尝起来另有一番风味。话不多说——干杯吧!

俄罗斯水烟

水烟馆 ● 近些年来,水烟馆如雨后春笋般在莫斯科遍地开花。首都的大街小巷无不弥漫着水果烟草的甜香。休闲书吧(Biblioteka 🏠 Arbat 42/4 @ biblioteka-lounge.ru)位于历史中心城区的一个庭院内。这家坐落于老阿尔巴特街的水烟馆不仅有宽敞的露台,40个国际象棋棋盘,还有城里最好的水烟。卫生间里播放着俄罗斯经典名著。时尚的地下水烟馆Oblaka 11(🏠 Ulitsa Malaya Lubyanka 16/4 @ vk.com/oblaka11)位于一座尼古拉二世时期的红砖墙建筑内,这里给抽水烟的顾客免费赠送一壶茶和一些糖果。

莫斯科面孔

桑拿房

洗俄罗斯浴（Banya）并不只是元旦前夜的庆祝活动——像经典电影《命运的捉弄》（*The Irony of Fate*）（P.93）中的情节一样。在俄罗斯传统的蒸汽浴室，身体和心灵都能得到涤荡与放松，并且可以驱逐冬日的寒冷。不论是亲密无间的家庭桑拿、男女分开的都市桑拿、乡村桑拿，或者俄罗斯新式联排别墅里的豪华私人桑拿，都能促进身体健康和人际关系。即使洗桑拿是女士们钟爱的项目，它也永远是俄罗斯男性社交文化里不可或缺的一部分：这里是三教九流的会面场所——官员和老板，总统和州长，甚至是俄罗斯东正教德高望重的大牧首。人们在这里庆祝生日、谈论秘密。

首都，"首堵"

在豪华汽车满街跑的莫斯科，"晨堵"对于脾气暴躁的人来说就是公牛眼中的红布，对于俄罗斯总统来说则是密密麻麻的小点：因为自2013年起，普京就经常乘坐直升飞机去上班。除了因为公务繁忙，行程紧张，也可以给上下班高峰缓解一点压力。当然它们全部属于俄罗斯本国生产的米（MI）系列直升机，平时就降落在大教堂广场旁边的克里姆林花园里。从20世纪90年代起，克里姆林宫内就有一个直升机的停机坪，已故的俄罗

上图：俄罗斯套娃——俄罗斯的纪念品和象征

> 桑拿、饮酒、建筑——通过莫斯科人的喜好认识一群人，了解一座城。

斯首任总统叶利钦曾经使用过。前总统、现任总理德米特里·梅德韦杰夫（Dmitri Medvedev）也曾在社交网络上传了相关照片。高官们拥有优先通行权的车队更加剧了城市的拥堵。如果看见长长的车阵，最好抑制拍照的冲动——旁边可能就站了警卫，负责禁止您这么做。

以书为娱

俄罗斯人热爱阅读。他们无论去哪里，都会携带一本文学著作。不论老幼，即使是最拥挤的上下班高峰，在公交车上，在地铁站的滚梯上，也能看到他们埋首于书本中——或许是托尔斯泰（Tolstoy）的《战争与和平》，或许是经理人杂志，又或许是最新的《饥饿游戏》。由于智能手机和地铁免费无线网络的普及，上班族们多了一些其他消遣时间的方式。即便如此，阅读仍然不可替代，有些人是为了自我提升，有些人是为了消遣娱乐。一些咖啡馆提供的在线书店拥有很高人气，常常营业到凌晨4:00。

莫斯科

在地铁上沉迷于电子书的人们越来越多。

无"达恰"不生活

如果到了莫斯科,没去拜访一下达恰(Dacha),就不算来过俄罗斯。达恰是具有俄罗斯特色的乡间宅邸,光是名字就能让俄罗斯人心潮澎湃。它是让人魂牵梦萦的地方。人们为之着迷,欲罢不能,大概可以称之为"达恰之思"。它可以朴素如小屋,也可以豪华如宫殿;它可能是大富豪的城郊别墅,也可能是退休老夫妇的园圃小屋,园子里的蔬菜还可以贴补家用。有些位于古老的市郊住宅区,有些则隐没于树林深处,达恰随处可见,是都市人群暂避俗世烦恼的避风港,是慰藉心灵的清净之所。它与俄罗斯的民族灵魂——自己的领地和自由——不谋而合。

各自为营的文化

莫斯科没有犹太人区,没有唐人街,也没有高加索人聚集区,尽管一共有100多个民族的人在首都生活。有些人以本民族的独特风俗为荣,比如格鲁吉亚人、亚美尼亚人或者阿塞拜疆人;另一些人则致力于维护他们的传统文化,比如哈萨克人和吉尔吉斯人。莫斯科是一个文化大熔炉,各个民族在这里发展和交流他们各自的文化:无论在集市上和餐厅里,还是在剧院和电影院都可见一斑。在东正教洋葱式尖塔教堂旁边往往矗立着天主教教堂、清真寺等。

莫斯科人热爱阅读,不限时间地点——在地铁、公交车或者高尔基公园的河畔悠然自得

莫斯科面孔

通往天堂的窗户

圣像画（Icon）不只是一件艺术作品，对于俄罗斯东正教来说，还拥有超脱世俗的意义。它们是教徒们灵性的表达。教徒们对耶稣基督、圣母马利亚和其他重要的宗教历史人物的画像怀有崇高的敬意，圣像画的创作须严格依照历史规定，大多数绘制在木板上，有时候还会镀金。如果出自古代名家之手，则可能价值连城。所以如果没有获得批准，圣像画是绝对不允许出口的。

宗教的繁荣

由于被东正教史诗般的礼拜仪式所触动，弗拉基米尔大公（Prince Vladimir）于公元988年接受了东正教——而非天主教的洗礼。东正教的宗教信仰从此在俄罗斯生根发芽。东正教教会现任领袖为莫斯科及全俄罗斯的白胡子主教——他不像梵蒂冈的教皇被当作上帝在人间的副手，而是被视为上帝最高级别的仆人（牧首）。在沙俄时代，莫斯科也被称为"金顶之城"或者"第三罗马"（第二罗马是东罗马帝国的都城君士坦丁堡）。1600座教堂见证了国家的昌盛和市民的富裕。暴发户们经常会修建家庭教堂，一为感恩，二为赎罪。东正教在戈尔巴乔夫（Gorbachov）时代开始复苏，如今比以往更显兴盛繁荣。每当大牧首基里尔一世（Kirill I）在基督救世主大教堂（Cathedral of Christ the Saviour）主持盛大的圣诞节和复活节弥撒的时候，国家政要们总会在前排出席。

可以喝的黑面包

伏特加在俄罗斯流行以前，当地人一般喝蜂蜜酒或者格瓦斯（Kvass）——一种以黑面包为原料的发酵饮料。这种几乎不含酒精的气泡饮品非常适合素食主义者。在蜂蜜酒普及之前，格瓦斯在俄罗斯的家家户户广为流传。如今在俄罗斯的各大超市和多数餐厅都能见到格瓦斯的身影。完全不含酒精但是十分美味的还有浆果饮料"Mors"，它是用蔓越橘、小红莓或者其他浆果制作而成的果汁饮品，通常搭配商务套餐呈上。

俄罗斯套娃（Matryo-Shka Doll）

作为一种简单质朴而奇妙的儿童玩具，第一组"玛特廖什卡"（俄罗斯套娃）诞生于1900年前后的莫斯科。这种绘制精美的木质小娃娃如今成了令人爱不释手的收藏品和手工艺品，也是全世界人眼中俄罗斯的象征。不只是传统的洋娃娃，受人爱戴或者遭人憎恶的政治家、体育和文艺明星的形象也被做成套娃——每一层玲珑可爱的娃娃里，总装着下一个惊喜。

坐地铁听广播辨方向

为了避免坐地铁乘错方向，请一定认真听站台广播：进市区方向是男声，出市区方向是女声。莫斯科人对此的解释是："老板们叫进城上班，老婆们叫出城回家"。

祝酒词不能少

只说句"干杯"是不够的。俄罗斯的祝酒词涵盖了方方面面：友谊、

莫斯科

女人，或者一段针对酒席宾客言辞恳切、巧妙诙谐的祝词，对双方共同的期许致以祝愿。您可以尝试一下！即使您的俄语还很蹩脚或者觉得太麻烦，也千万别说"Na Zdarovye（我不会说）"，如果您不想只当个游客而想融入这里的话。不用担心说得不标准。如果想给当地人留下好印象，可以说些其他的祝酒词，比如"为了美好的夜晚干杯（Za Vecher）"，祝福主人或者祝愿共同的愿望实现（两者都是"Za Vas"）。

地下交通代替地上

地铁不是莫斯科地下唯一的人文景观。为了避免因为交通灯而阻滞地面的多车道交通，当地专门为行人设置了地下通道。不过对于携带婴儿车或者坐轮椅的行人来说，这确实是个挑战。另外，地下通道里的一些街头艺人、卖传统小吃皮罗什基（Piroshki）的小摊，或者贩售裤袜的小卖铺，常给人一些小惊喜。从特列季亚科夫画廊新馆（The New Tretyakov Gallery）走地下通道前往高尔基公园，会接二连三地遇到艺术家，他们在此出售自己的作品。

烈酒

伏特加——俄罗斯的国酒，其实是由波兰商人引进的。著名的俄罗斯科学家德米特里·门捷列夫（Dmitri Mendeleev）经研究指出，酒精度40°的伏特加口味最佳。"雷帝"伊凡四世沙皇（Ivan IV）是第一位将伏特加的销售实行国家垄断的沙皇，并以此资助军饷。叶利钦时代俄罗斯废除了对伏特加生产和销售的国家垄断；从那时起，对于是否恢复国家垄断的讨论从未中断过。因为酗酒和伏特加掺假的问题在俄罗斯很严重。每年有好几万人死于假酒。

赫鲁晓夫楼

这种筒子楼的出现，只是为了解决第二次世界大战后人口快速增长期大城市住房紧张的燃眉之急。苏联当时最高领导人是尼基塔·赫鲁晓夫（Nikita Khrushchev），面对大量涌入城市的人口，当局必须短时间内满足所有人的住房需求。于是，一种简易、标准化的住宅楼应运而生，后来人们把这种5层简易楼称为"赫鲁晓夫楼"。它和婚礼蛋糕楼一起，极大地影响了整座城市的面貌。然而之后出现的更高更大的板材建筑改变了这一局面。只要数一数楼层，便可以像莫斯科人一样说出这是哪位领导人执政时期的建筑。16层、6个楼梯间、400

莫斯科面孔

套住宅——这是列昂尼德·勃列日涅夫（Leonid Brezhnev）晚期的建筑。在莫斯科老城区的另一端，无边无际的板材建筑群像大海一样望不到边。

大部分赫鲁晓夫楼直到20世纪末仍在使用，楼体损坏和基础设施瘫痪的现象不计其数。从20世纪90年代中期起，拆迁工作断断续续开展。可以说，赫鲁晓夫楼的拆迁工作是1991年后莫斯科市政当局最重要的一项城市建设和社会福利项目。

2017年，莫斯科现任市长索比亚宁再次将赫鲁晓夫楼的拆迁计划作为一个重点市政项目提出，却激起了市民的普遍反对和大规模抗议行动。市民反对这项拆迁计划的原因出自多个方面，既有"捍卫时代记忆"的情怀党，又有对安置和补偿方式不满的现实主义者，同时涌现的还有关于腐败的担心——许多人怀疑政府的真正目标在于炒作房价。被列入拆迁计划的不少赫鲁晓夫楼位于市中心黄金地段，预计拆迁款项是莫斯科市年财政收入的3倍多，面对巨大的资金缺口，房地产商的介入只是时间问题。

婚礼蛋糕楼

从几十年前起，它们就给莫斯科的城市面貌画下了浓墨重彩的一笔——外形像婚礼蛋糕的摩天大楼。这批伪哥特式的纪念性建筑包括莫斯科大学（Lomonosov Moscow State University）主楼、外交部大楼和重工业部大楼、两家酒店和两栋公寓。它们的建成原本是为了庆祝苏联的胜利。虽然最初的计划并未全部实现，但是它们成为了莫斯科的标志——直至如今，普京时代新崛起的玻璃混凝土建筑才有赶超之势。

莫斯科大学的婚礼蛋糕楼

景 点

> **从这里出发**
> 克里姆林宫:（折页 G10-11）:这里是"征服"莫斯科的最佳起点。可以乘坐地铁 1、2、4 号线到猎人商行站（Okhotny Ryad）、剧院站（Teatralnaya）或者亚历山大公园站（Aleksandrovskiy Sad）。克里姆林宫旁边就是红场（Red Square）、莫斯科大剧院、亚历山大公园（Alexander Garden）、马涅什展览中心（Manege）、基督救世主大教堂以及莫斯科河另一边的特列季亚科夫画廊（Tretyakov Gallery）。

只有步行才能纵览莫斯科最美的景色，登上市中心西南部的麻雀山（Sparrow Hills）俯瞰莫斯科河：悠悠碧水从宽广茂密的绿植中间蜿蜒而过，优美如画的新圣女修道院（Novodevichy Convent）伫立在左岸，仿若一座小小的坚固城池，金色的教堂圆顶闪耀其间。

即使身在远处，也能遥遥望见顶部闪烁着红宝石五星的克里姆林宫尖塔和斯大林时代建造的婚礼蛋糕楼——它们一度是莫斯科最显眼的建筑。现如今，莫斯科城里玻璃幕墙的摩天大楼直冲云霄，重新勾勒了首都的天际线。这种高楼大厦将会越来越多，不计其数的塔式起重机和日夜劳

上图：在新建的扎里亚季耶公园欣赏救世主塔楼和圣瓦西里升天大教堂

> 灿烂丰富的莫斯科让人目不暇接、马不停蹄。所幸供人休息的地方比比皆是。

作的建筑工人印证了这点。2018年足球世界杯在俄罗斯成功举办,莫斯科许多地方旧貌换新颜,尽管这里的市民为此付出了一些代价。莫斯科想用这张成绩单向世人证明它无可比拟的地位——至少第一印象里它确实如此,扎里亚季耶公园正代表着一个全新的、时尚的莫斯科。

如果想迅速到达市中心以外的景点,应该选择"地下宫殿"——莫斯科地铁,它的美全球无与伦比,富丽堂皇、人文历史内涵丰富的地铁站本身就算得上是一大景观。不到1小时,它就能把您从内城带到郊区的板材建筑区。这里也有一些古老的公园绿地,它们和浪漫贵族宫殿内的博物馆在静候您的光临。地铁里还开通了免费的无线网络。

当然,最重要的景点还是在市中心,环绕在克里姆林宫周围:红场、列宁墓、莫斯科大剧院、名画荟萃的特列季亚科夫画廊、展示特洛伊

莫斯科

这张地图对最引人入胜的城市区域进行了划分。在之后的章节可以找到每片区域对应的详图,详图上面用数字标注了该片区域的所有景点。

宝藏的普希金博物馆(Pushkin State Museum)、艺术博物馆、文豪故居和白墙后充满历史意义的修道院。

即使花上一年时间,也难以把莫斯科所有地方走遍。市中心的大多数景点都步行可达。但是也不要低估了距离。初见莫斯科,看起来就是个纯粹欧洲风格的百万人口大都市。然而这只是假象。虽然莫斯科的文化和传统植根于欧洲,但是它的现在和未来立于亚洲和更开放的天地,这正是莫斯科和其他欧洲大城市的不同之处。如果游历俄罗斯各大都市,这种冲突和碰撞将在整个发现之旅如影随形。

尽情感受莫斯科的丰富多彩,无论是在博物馆、教堂和修道院感受历史的熏陶,还是在高尔基公园的咖啡厅里悠闲地享用一杯"Raf"咖啡,这种俄罗斯特色的香草奶油甜咖啡是时髦人士的最爱。

重要的景点一般都有英文注释和标志(尽管并不总是完美),不过一些小型博物馆仍存在这方面的缺陷。有时候外国人需要比本国人支付更高的门票费用,持有"国际学生证"的大学生们经常能享受优惠价格。在有些博物馆拍照和摄像需要额外付费。

景点

克里姆林宫和红场

朱红色的克里姆林宫城墙内是国家政治中枢的所在地，也凝聚了千年的历史。时间在这里停下了脚步。

来到这里，就仿佛置身于童话世界。完全无法决定，先从哪里看起。是美轮美奂的圣瓦西里升天大教堂？拥有9座洋葱式尖塔的大教堂已成为俄罗斯的标志；还是旁边克里姆林宫塔楼上的苏联红宝石五星？日夜闪耀的红星提醒着人们这里是俄罗斯的政治中心。克里姆林宫作为一个大型博物馆，包含了教堂、沙皇墓地以及几百年来的传世珍宝。此外还有未开放参观的联邦政府办公地点。克里姆林宫前的红场上，革命导师列宁一直守护着这片土地。这片以"红"为名的圣地见证了俄罗斯民族历史上的各种难忘瞬间，古代人为它命名时，这个名字的含义并不是"红"，而是"美丽"。红色年代随风而逝后，这里有了更多现代和时尚的气息。红场上的古姆国立百货商店夜夜灯火辉煌。

🚇 地铁1、2、3、4号线至猎人商行站、剧院站、革命广场站（Ploschad Revolyutsii）、亚历山大公园站或者列

必游景点

★ **克里姆林宫**
莫斯科的中心，国家权力中心所在地。→P.34

★ **基督救世主大教堂**
俄罗斯东正教最重要的大教堂。→P.54

★ **卢米埃兄弟摄影中心**
苏联写实摄影展和国外先锋摄影艺术。→P.49

★ **科罗缅斯科耶**
年代久远的教堂和木质建筑。→P.60

★ **红色十月**
当红色砖墙遇上街头艺术。→P.57

★ **特列季亚科夫画廊**
来自各个时期不同国家的10万件艺术珍品。→P.51

★ **扎里亚季耶公园**
现代化的绿色公园，莫斯科河和克里姆林宫的最佳取景点。→P.46

★ **车库当代艺术博物馆**
内容丰富、形式多样的博物馆，包含展览、讲座和艺术工作室。→P.48

★ **普希金美术博物馆**
从古希腊的特洛伊宝藏到印象派画作应有尽有。→P.56

★ **红场**
俄罗斯的"会客厅"。→P.39

★ **圣瓦西里主教座堂**
俄罗斯的明珠。→P.32

★ **谢尔吉耶夫镇**
东正教的朝圣地。→P.61

★ **高尔基公园**
运动和休憩的绿洲。→P.48

★ **全俄展览中心**
充满苏联时代气息的大型展览馆，包括火箭、射击摊位和碰碰车等各种展品及体验项目。→P.58

莫斯科

宁图书馆站(Biblioteka Imeni Lenina)

1 亚历山大公园(Alexander Garden)(折页G10–11)

如果没有亚历山大一世沙皇,恐怕莫斯科直到今天也只是个小威尼斯。亚历山大公园现在所处的位置在1822年之前,还是克里姆林宫的护城河涅格林纳亚河(Neglinnaya River)的流经之处。亚历山大一世命人将河流引入地下通道,并在其上建设了一座供娱乐散步的大花园,如今它成为备受莫斯科人钟爱的漫步场所。公园入口处的无名烈士墓(The Tomb of the Unknown Soldier)前燃烧着长明火,站岗的士兵每小时换一次岗。旁边的巨大长方石上镌刻着苏联的英雄城市,提醒人们不忘曾经的战争岁月。然而对于公园里的轮滑手、散步的游客,或是克里姆林城墙前的草坪和长椅上晒太阳的人来说,历史就是今天美好生活的前奏。圣三一桥(Troitsky Bridge)通向公园,1812年拿破仑的铁骑曾踏上这座桥。🕐 每日24小时开放

2 耶稣复活门(Resurection Gate)(折页G10)

耶稣复活门是红场北面的入口。原复活门建于1680年,1931年斯大林下令拆除,因为它妨碍了阅兵仪式。1995年重建。门前石子路上镶嵌的几块铜板标示着俄罗斯国家公路的零公里起点。据说,<mark>画蛇锦囊➡站在那几块铜板上,手持一枚硬币从肩膀向后抛去,就能实现一个愿望。</mark>

3 圣瓦西里主教座堂(St Basil's Cathedral)★(折页H10)

官方正式名称为"代祷主教座堂(Intercession Cathedral)"伊凡雷帝在战胜鞑靼人之后,命人在红场上建

圣瓦西里主教座堂:如此精美绝伦,令人惊叹

景点

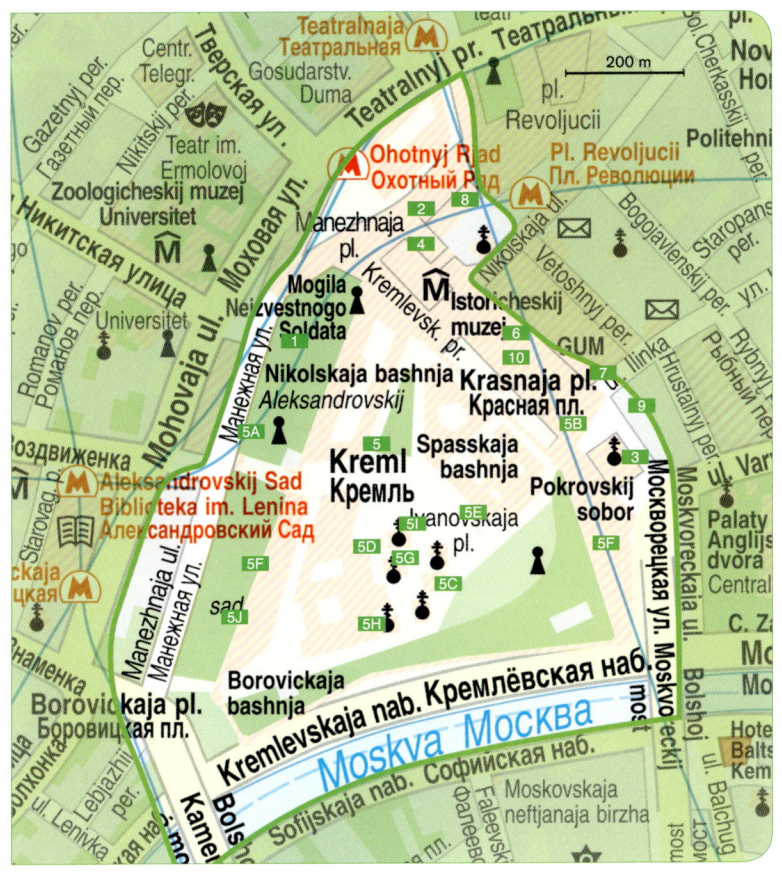

克里姆林宫和红场的景点

- 1 亚历山大公园
- 2 耶稣复活门
- 3 圣瓦西里升天大教堂
- 4 俄罗斯国家历史博物馆
- 5 克里姆林宫
  - 5A 三一门塔
  - 5B 救主门塔
- 5C 天使长主教座堂
- 5D 圣母法衣存放教堂
- 5E 伊凡大帝钟楼
- 5F 克里姆林宫城墙
- 5G 圣母升天主教座堂
- 5H 圣母领报主教座堂
- 5I 牧首宫
- 5J 军械库
- 6 列宁墓
- 7 米宁和波扎尔斯基纪念碑
- 8 喀山圣母大教堂
- 9 罗波诺耶梅思托平台
- 10 红场

造了这座教堂——无论在当时还是今天,都是世界上最壮丽的教堂之一。8座色彩绚丽、形态各异的洋葱式圆顶教堂簇拥着中间的第9座教堂。9座教堂的鸟瞰图构成了一个东正教的典型十字图案。这座建筑如此瑰丽又独

莫斯科

视觉和身体的享受——莫斯科美丽的桑都尼俄罗斯浴室

特,以至于人们传说伊凡雷帝在工程竣工后刺瞎了所有建筑师的双眼,只为了确保它永远举世无双的地位。教堂前的广场被戏称为"谢列梅捷沃3号机场"(1号和2号是莫斯科的民用机场),因为1987年德国人马蒂亚斯·鲁斯特(Mathias Rust)驾驶一架飞机降落在这片广场上,震惊了全世界。🕐 经常变更:夏季通常周四至次周周二10:00—19:00,其他时间通常11:00—18:00,冬季和气温低于零下15℃的日子开放时间更短 ¥ 500卢布

4 俄罗斯国家历史博物馆(State History Museum)(折页G10)

历史爱好者的天堂。再没有哪里能如此详尽地展示俄罗斯的历史。整座历史博物馆犹如迷宫,拥有将近500万件展品和48个展厅。馆内有一把拿破仑的佩剑,还有一个彼得大帝低价购得的布劳地球仪,彼时瑞典国王查理十二世在大北方战争中付出了巨大的开支,因此放弃了这个本来为他特别定制的地球仪。如果对于展品的文字介绍感到枯燥的话,推荐多媒体的专题展览和纪念品商店。馆内有一家餐厅,菜单年代久远。此外,博物馆门前矗立着高11米、重100吨的朱可夫元帅雕像,他于1945年率苏联红军攻克柏林。这尊雕像本打算放置在红场,后来为了保护这座古老的广场的历史风貌而作罢。🏠 Krasnaya Ploschad 1 🕐 周一、周三、周四、周日,10:00—18:00;周五、周六,10:00—21:00 ¥ 400卢布 @ www.shm.ru

5 克里姆林宫(Kremlin)★(折页G10-11)

一切始于酒宴。当基辅大公尤里·多尔戈鲁基(Yuri Dolgorukiy)1147年邀请朋友前往莫斯科参加庆祝宴席的时候,那里还没有克里姆林宫,它只是位于莫斯科河、涅格林纳

景点

亚河和亚乌扎河（Yauza）之间一座40米高山丘上的小村庄。这次的把酒言欢让莫斯科第一次记录在册，并因此被视作它的官方诞辰。1156年多尔戈鲁基第二次造访此地的时候，便下令建造了一座牢固的防御要塞，即克里姆林宫。要塞的地址正是在当初举行宴席的地方。然而克里姆林宫的粗陋木墙并不能有效防御鞑靼人的侵犯。直到1326年，莫斯科大公伊凡一世（Ivan I）才在中间建造了第一座石头教堂。伊凡一世因为替蒙古人征税得力，因此获得了"钱袋伊凡"的绰号。不久之后东正教大主教的驻跸地就从弗拉基米尔（Vladimir）搬迁至莫斯科。最后伊凡三世（Ivan III）聘请了意大利建筑师，为他建造了克里姆林宫一系列雄伟壮丽的教堂和城堡。克里姆林宫不只是莫斯科，也是全俄罗斯的发祥地。宫内及其建筑浓缩了整个国家的军事力量、信仰和财富。

每年4—10月的每周六中午12点，在克里姆林广场都会举行颇具观赏性的 当地锦囊 阅兵式，届时俄罗斯总统警卫团的骑兵们都会穿上复古制服进行队列表演。每月最后一个周六的下午两点则可以在红场欣赏精彩的阅兵式。🕐 周五至次周周三9:30—16:30 ￥500卢布，含教堂广场（Cathedral Square），伊凡大帝钟楼250卢布，军械库700卢布，主入口及检票口位于三一门塔侧的圣三一桥前，入口处设置了安检 @ www.kreml.ru

5A 三一门塔（Trinity Gate Tower）

列宁应该感到很骄傲，因为即使最猛烈的风雨，也不能把游客入口处塔尖的苏联红宝石五星损害分毫：这个象征着共产主义的指路标会随着风向转动。20世纪30年代，这颗红色五角星和其他4颗红星一起，取代了克里姆林宫内5座高塔顶部的双头鹰——它代表了世人憎恶的沙皇帝国。76米高的三一门塔是克里姆林宫内最高的塔——它和低5米的救主门塔遥遥相对。三一门塔是克里姆林宫的主入

轻松时刻

莫斯科最美的保健圣地是 ● 桑都尼俄罗斯浴室（折页 G9）[Banya Sanduny 🏠 Ulitsa Neglinnaya 14 🕐 每日8:00—22:00 ￥单间桑拿室（可容纳至少4人）24小时4 000卢布起 📞 49 56 25 46 31 @ www.sanduny.ru 🚇 地铁7号线，库兹涅茨克桥站（Kuznetsky Most）]。"Banya"是俄罗斯传统的蒸汽浴，它是身心的双重享受。这家浴室位于一座始建于叶卡捷琳娜二世（Catherine II）女皇时期的巴洛克式宫殿内，天花板上遍布古典的镏金装饰，但是内部设施非常现代化。您可以预约一间2~12人的私人浴室，也可以逛街后心血来潮在公共浴室感受一下古罗马式的浴池。在公共浴室，男女是分开的。这里提供按摩和美发服务，内设美容沙龙，人们不仅可以喝喝啤酒，还能在莫斯科最好的餐厅之一享受美食。这就是莫斯科人地道的汗蒸文化！

莫斯科

口。拿破仑曾踏上塔前的同名桥梁，意图攻占克里姆林宫。值得一提的是，红星的灯光只熄灭过两次：1941年卫国战争爆发和1996年尼基塔·米哈尔科夫（Nikita Mikhalkov）导演摄制电影《西伯利亚理发师》（The Barber of Siberia）期间。

5B 救主门塔（Saviour Gate Tower）

塔楼上的自鸣钟时间精准，分毫不差，秘密就在于"Schternberg"——这个以德语名字命名的莫斯科天文台日夜监视着这里的时间，其校时钟与71米高救主门塔内的时钟机械装置相连。救主门塔1491年建于克里姆林城墙内，之后经历了一次扩建才达到如今71米的高度。塔楼得名于大门上方的救世主圣像，这座大门曾经是克里姆林宫的主要入口。自鸣钟演奏的音乐过去是《神佑沙皇》（God Save the Tsar），现在是俄罗斯的国歌。

5C 天使长主教座堂（Archangel Cathedral）

俄罗斯的冬天令全世界都胆寒。它也是俄罗斯塔顶都建成洋葱形状的原因：俄罗斯尖塔仿照拜占庭式建筑的特点，但是顶部更尖，这样积雪更容易滑落。据牧师的说法，它象征着朝向天堂燃烧的蜡烛。天使长主教座堂洋葱式尖塔内是历代莫斯科大公和沙皇的墓地，从留里克王朝（Rurik Dynasty，伊凡雷帝的统治家族）直到罗曼诺夫王朝（Romanov Dynasty，彼得大帝所处的王朝）。1917年，这座教堂像克里姆林宫里的其他诸多教堂一样，都在战争中遭到损害并被关闭。1955年起它作为一家博物馆向公众开放，直到1992年才又开始举办礼拜仪式。

5D 圣母法衣存放教堂（Church of the Deposition of the Robe）

克里姆林宫对于东正教来说就相当于圣城耶路撒冷。它和周围的防御工事一起几经大火的焚毁，又总是在废墟之上重建。圣母法衣存放教堂就是1485年重建后的建筑。它过去是莫斯科主教的礼拜用教堂。源自1627年的圣幛展示了圣母法衣从巴勒斯坦移奉至君士坦丁堡的过程。教堂内长期展出古俄罗斯的精美木雕作品。

5E 伊凡大帝钟楼（Ivan the Great Bell Tower） ☀

1505年建造于40米高小山丘上的钟楼高81米，在过去很长一段时间内是整个莫斯科最高的建筑。当时不允许建造更高的楼。即使在今天，塔顶仍是俯瞰整个克里姆林宫的绝佳观景点。钟楼前左侧的沙皇钟一次也未被敲响过。因为在1737年的一场火灾中，钟身脱落了一块重达12吨的大铜片。钟楼右侧停放着一门建造于1586年的巨大沙皇炮（Tsar's-Pushka Cannon），炮口直径890毫米，炮身长超过5米、重39吨，但是至今未发一炮。同因体型巨大，它们分别被称为钟王和炮王。🕐 10:15、11:15、13:00、14:00、15:00、16:00和17:00，每日限12人，12岁以下儿童不准入内。

5F 克里姆林宫城墙

红色还是白色？9米高、6.5米厚、总长2 235米的锯齿形克里姆林城墙一直不停地变换它的颜色。自从

景点

克里姆林城墙前的无名烈士墓,守灵士兵每小时换一次岗

1680年克里姆林宫第一次被粉刷成白色之后,在18世纪和19世纪它都保持着这个颜色——有几座塔楼除外。在20世纪,外墙涂层随着岁月的侵蚀逐渐斑驳脱落,于是在1947年涂上了象征性的红色。克里姆林宫的石头壁垒始建于多尔戈鲁基大公就职宴的200年之后:1485年伊凡三世和他的意大利建筑师们才将城墙修建到现在的高度,今天它仍守卫在这个政权中心的四周。

5G 圣母升天主教座堂(Assumption Cathedral)

也许因为太过暴虐,伊凡雷帝常在忏悔室内祈祷忏悔。如今在圣母升天大教堂还能看见这个精致奢华的忏悔室。这座莫斯科最古老的教堂修建于1470年,建筑风格明显受到了意大利文艺复兴的影响。它以前是沙皇的加冕教堂。圣坛墙上的壁画绘制于1481年,现在依然保存完好。壮观华丽的圣幛则源自1653年。这座大教堂在之前很长一段时间内是大主教的驻跸地,以及俄罗斯的宗教中心。这里曾举行牧首和主教们的就职典礼和安葬仪式。虽然从1990年起教堂就恢复了礼拜仪式,但它首要的职能还是一个博物馆。

5H 圣母领报主教座堂(Annunciation Cathedral)

"经历5次婚姻之后,教堂是他的禁忌之地",伊凡四世对这种说法显然无动于衷。据传,这位令女人们趋之若鹜的沙皇修建了额外的门廊,以便将教堂连接到私人寝殿。圣母领报主教座堂也是彼得大帝的私人礼拜堂。教堂的所有内部空间都绘制了五彩斑斓的壁画。

37

莫斯科

红场，俄罗斯的会客厅

5I 牧首宫（Patriarch's Palace）

因为牧首尼康（Nikon）蛮横的宗教改革，旧礼仪派从东正教会中分裂出去，并在18世纪中期以前一直遭到残忍迫害。这座宫殿是1653年在尼康的指示下，为了牧首和俄罗斯教会所建。它由两座教堂、修士宿舍和一个大厅组成。这个大厅曾经是配制圣油的场所。如今宫内博物馆陈列着珠宝首饰、贵重餐具和古董家具，展现了17世纪民间艺术和文化。

5J 军械库（Armoury）

沙皇皇室的奢靡程度在复活节也可见一斑：当普通平民家庭只能互相赠送鸡蛋，最好的情况下也只是雕刻木蛋的时候，著名的珠宝匠人彼得·卡尔·法贝热（Peter Carl Fabergé）为沙皇们制作了塞满钻石的黄金复活节彩蛋。其中的10枚现在正存放在沙皇的宝库中。500年来，这座军械库和钻石馆收藏了沙俄统治者所有的珠宝饰品：外国使节敬献的珍贵礼品、沙俄皇冠、权杖、钻石镶嵌的宝座、钻石珠宝、全球最大的马具艺术品等。象征着皇权的逾4 000件珍品分9个展厅展出。军械库拥有一个独立的入口（折页 G11），参观时间不受克里姆林宫的限制，分别为10:00、12:00、14:30和16:30。参观完令人眼花缭乱的珍宝库，可以沿着莫斯科河和克里姆林城墙方向，在==小公园内散步放松一下，这片绿洲是克里姆林宫内难得的宁静之所==。

6 列宁墓（Lenin's Mausoleum）
（折页 G10）

革命导师列宁至今仍是许多人的精神偶像。列宁遗体即使过了近百年仍然栩栩如生，仿佛他马上又要起来

景点

发动下一次革命。这位全世界无产阶级的伟大领袖1924年逝世之后,遗体已经在此停放了近百年之久。后来还有数位苏联领导人也安葬在了左近,包括曾经也与列宁同葬一处的斯大林。注意:所有背包、提包、手包、照相机以及手机,一概不准携带入内。🕐 周二至周四,周六、周日10:00—13:00

7 米宁和波扎尔斯基纪念碑(Monument to Minin and Pozharsky)(折页H10)

对于现在一些俄罗斯人来说,位于圣瓦西里主教座堂前的库兹马·米宁(Kuzma Minin)和德米特里·波扎尔斯基公爵(Prince Dmitry Pozharsky)纪念碑几乎比列宁墓更加重要。这两位民族英雄于1612年策划了一起成功的人民起义,并把克里姆林宫内的波兰入侵者驱逐出俄国,从而解放了莫斯科。

8 喀山圣母大教堂●(Kazan Cathedral)(折页G10)

为了纪念成功驱逐莫斯科的波兰入侵者,人们修建了小巧而精致的喀山圣母大教堂。据传说,最早珍藏在教堂内的喀山圣母圣像,帮助波扎尔斯基公爵取得了战争的胜利。

9 罗波诺耶梅思托平台(Lobnoye Mesto)(折页H10)

整个过程迅速又决绝:彼得大帝1698年从欧洲回国后,就在这片地方处决了大约200名叛乱的护卫军。除此以外,很少在这里执行死刑。这个行刑台以前一般是颁布法令和宣告旨意的地方。它最初位于红场的中央。

后来为了给大阅兵清理场地,斯大林命人将平台移到了圣瓦西里升天大教堂旁边。

10 红场★(Red Square, Krasnaya Ploschad)(折页G10)

克里姆林宫前的这片广场在今天就像是俄罗斯的最佳"会客厅"。很久以前它是集市和集会使用的广场,因为集市上的摊位一度经常发生火灾,所以又被戏称为"火灾广场"。直到伊凡四世统治时期,它才更名为"红场"。取这个名字不只是因为它的颜色,"红色"在俄语里还寓意"美丽"。冬天的红场格外迷人:届时在古姆国立百货商店前会开辟一个 ● 溜冰场(🕐 11月30日至次年3月9日,每日10:00—23:30 ¥ 周一至周三免费,其余时间400卢布)。

中国城和东北区

紧邻红场,在古姆国立百货商店后面有一片莫斯科最古老的城区。

"凡华人聚集生活之地,必有唐人街。"听起来没错,现实却并不总是如此。莫斯科几乎没有外国移民聚集区。关于"中国城"这个名字的来源仍无定论。一种说法是,中国城(Kitaigorod,又译"基泰格罗德")的词根"Kita"在古俄语中意指"篱笆",直到15世纪以前它一直被用作保护内城抵御外侵的防御工事。另一种说法是,它脱胎于意大利语"citta(城市)",或者"citadella(堡垒)"。现在的中国城成为好心情的代名词。沿着剧院广场边剩余的城墙,开设了不少餐厅和时装店。除

39

莫斯科

了莫斯科大剧院,这里另有十几家剧院,国家马戏城和购物中心。在曾经的克格勃总部卢比扬卡大楼后面,酒吧在沙皇时期的建筑里续写着新时代的繁华。只有宁静的后庭和巷弄,老建筑上斑驳的石灰墙,仍在坚守着一丝古莫斯科的气息。塔式起重机还未曾惊扰此处。林荫环路的一弯苍翠拥绕着这片天地。

早在11世纪就有人在中国城的小山丘上定居。1812年的战火彻底烧毁了整片城区,但是紧接着人们又在原地进行了重建。十月革命以前,中国城一直是莫斯科的商业和金融中心。在今天,它又是国家的政治中心:俄罗斯联邦议会下院国家杜马(The State Duma of Russia)、上院联邦委员会、政府部门和俄罗斯联邦安全局(Federal Security Bureau)都设在这里。俄语所使用的西里尔字母的创造者圣西里尔和圣美多迪乌斯的纪念碑(Monument to Saints Cyril and Methodius)前是

当地锦囊 莫斯科自由行(Moscow Free Tour @ www.moscowfreetour.com)的起点。这个免费导览之旅每天10:45出发,导游都是热爱莫斯科的本地人。别忘了给小费!

1 莫斯科大剧院(Bolshoi Theatre)(折页 G9)

"Bolshoi"的意思就是"大"。剧院所处的建筑确实宏大,但是更大的是其剧团在全世界的名声。1825年亚历山大一世第一次在沙皇包厢入座。这座新古典主义建筑门前竖立着8根巨大的圆柱,上方阿波罗驾驭4驾马车的雕像象征着沙俄帝国的生机与活力。在著名作曲家彼得·柴可夫斯基(Pyotr Tchaikovsky)和尼古拉·里姆斯基-科萨科夫(Nikolay Rimsky-Korsakov)的影响下,大剧院于19世纪在世界上声名鹊起。即使在苏联时期,大剧院也凭借首席芭蕾舞演员玛娅·普丽谢斯卡娅(Maya

一弯苍翠绕古城:莫斯科林荫环路

景点

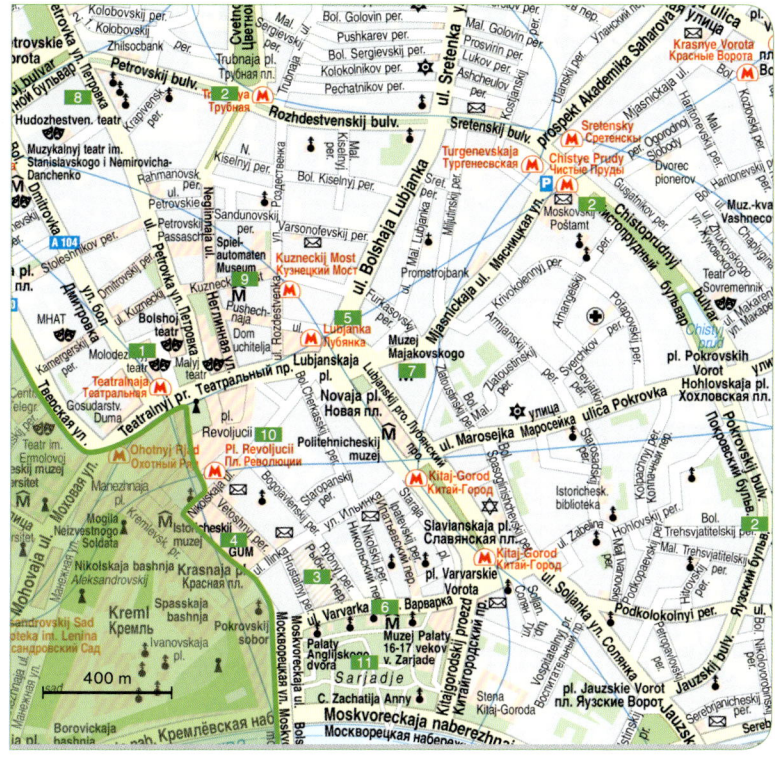

中国城和东北区的景点

1. 莫斯科大剧院
2. 莫斯科林荫环路
3. 戈斯蒂尼·德沃尔
4. 古姆国立百货商店
5. 卢比扬卡（俄罗斯联邦安全局）
6. 瓦瓦卡大街
7. 马雅可夫斯基博物馆
8. 当代艺术博物馆
9. 苏联游戏机博物馆
10. 尼古拉斯卡亚大街
11. 扎里亚季耶公园

Plisetskaya）这样的杰出舞蹈家，依然是莫斯科的一张名片。芭蕾舞爱好者勃列日涅夫也曾是沙皇包厢里的常客。巨大的声誉让剧院的票价一直居高不下：英语剧目（周一、周三、周五12:15）票价1 300卢布，俄语剧目只要500卢布。如果想成为15名幸运观众之一，不得不在门外等上两小时，即使冬天也如此。

 Teatralnaya Ploschad 1 49 56 92 00 25 @ www.bolshoi.ru 地铁2号线，剧院站

2 莫斯科林荫环路（Boulevard Ring）（折页 E–K8–11）

倘若想找个好地方活动一下腿脚——瞧！林荫环路的绿林带正伸展着巨大的弧形臂弯，围绕着18世纪的

莫斯科

莫斯科，并将克里姆林宫囊括其中。这条分车绿带通常只有行人通行。从克里姆林宫往东几百米处，林荫环路攀升至一座小山丘上。此处的左右两边是宁静而古老的住宅区，零星的几座教堂和华丽建筑散落其间。

清塘（Chistyye Prudy）（折页K9）旁边的公园是年轻人喜爱的约会地点。在公交车清塘站和同名地铁站之间往来着大名鼎鼎的有轨电车"阿努什卡（Annushka）"，电车内开设了一间咖啡馆，供应伏特加和速溶咖啡。环路以西几百米处有一座 当地锦囊 罗日杰斯特文斯基修道院（Roshdestvensky Monastery）（折页H8）（白天通常开放）。它兴建于1386年，此处原是涅格林纳亚河的河畔。它和旁边山丘上的圣彼得修道院（Vysoko-Petrovskiy Monastery）（折页G8）（白天通常开放），同属于过去莫斯科纳入防御体系的一系列修道院建筑。现在这两家修道院都面向公众开放。高墙内肃穆的教堂令人心生敬意。

两座修道院之间的低洼处有一个引水管广场（Trubnaya Ploschad）（折页H8）。1953年斯大林逝世后，在这片广场上发生了哀悼人潮的推挤事件，上百人在此事件中丧生。如今它已是人们不堪回首的往事。沿着林荫环路继续前行，就来到了普希金广场（Pushkinskaya Ploschad）旁边的特维尔大街。🚇地铁1、6、7、9号线，清塘站、屠格涅夫站、普希金站、引水管广场站

3 戈斯蒂尼·德沃尔（Gostiny Dvor）（折页H10）

在很长一段时间里，这座会展中心大楼都是外国商人心目中莫斯科最好的建筑。这里曾拥有超过1 000家商铺，并于17世纪末开了俄罗斯的第一家药店。今天它是古姆国立百货商店后面最大的综合建筑。1790年意大利建筑师贾科莫·夸伦吉（Giacomo Quarenghi）在叶卡捷琳娜二世女皇的授意下建造了这栋大楼。建筑外围柱廊式结构保存完好，内部仍有多家商店和俱乐部营业。建筑内庭总面积达1.2万平方米，地面全部采用花岗岩铺就，上方是欧洲最大的无支撑玻璃顶棚，并自带融雪装置。大楼内设空调，定期会举办音乐会、嘉年华和各式展览。🏠Ulitsa Ilyinka 4 🚇地铁6、7号线，中国城站

4 古姆国立百货商店（GUM）（折页G–H10）

古姆国立百货商店得以留存至

景点

今,要感谢一个女人。勃列日涅夫本想把这座百货大楼拆除,然而他的夫人维多利亚(Victoria)阻止了他,因为她自己也是这里的常客。如今古姆国立百货商店几乎算是莫斯科所有购物天堂的始祖。1893年落成之时,它凭借其宏伟的玻璃穹顶和典雅的白色外墙成为当时全球最大最时尚的购物商场。这家曾经的上流贸易行是在沙皇的指示下建造的,并且受到了莫斯科商人同盟的资助。1921年列宁下令收归国有,并改名为国立百货商店(俄文缩写为"GUM")。苏联末期,商品供应大幅削减,连这里的黄瓜罐头也受到影响。而现在这个面积8万平方米的大商场里又能找到从高档化妆品到金表的各种商品了。不过玻璃穹顶下的最顶层也不乏一些**当地锦囊** ▶ 价廉物美的咖啡厅和餐厅。其中有一家苏联怀旧风格的咖啡厅Stolovaya,这里的俄罗斯菜肴地道又美味。🏠 Krasnaya Ploschad 3 🕐 每日10:00~22:00 @ www.gum.ru 🚇 地铁1、2、3号线,猎人商行站、剧院站、革命广场站

5 卢比扬卡(Lubyanka)(折页H9)

不是间谍片,而是现实生活:这栋雄伟的方形建筑曾经是苏联的情报中枢。捷尔任斯基(Dzerzhinsky)、贝利亚(Beria)和后来成为苏联最高领导人的安德罗波夫(Andropov)都是克格勃响当当的人物,更不用说如今的普京总统。今天这里是俄罗斯联邦安全局所在地。最初这栋大楼是为一家保险公司所建,十月革命之后这栋气势恢宏的建筑就被用作克格

莫斯科今天的购物圣地:古姆国立百货商店

莫斯科

勃的办公地点。自1920年起这里安置了一个监狱,为此还于1933年加盖了4层楼。"卢比扬卡"最早是诺夫哥罗德(Novgorod)居民的聚居地,他们没有被伊凡三世斩首,而是被驱逐到了莫斯科。他们以诺夫哥罗德的一条路名命名了他们新的家园。
🏠 Lubyanskaya Ploschad 5 🚇 地铁1号线,卢比扬卡站

6 瓦瓦卡大街(Varvarka Ulitsa)(折页 H-J10)

中国城边界的瓦瓦卡大街向莫斯科河方向延伸,街边小巧的教堂和修道院为过去的富商所建,如今共同构成浪漫美丽的街景。大街4号的古英格兰住宅(Old English Residence)是伊凡四世出于维护关系的目的,送给英格兰商人的礼物。波雅尔家族罗曼诺夫的祖宅(Ancestral House of the Boyar Families Romanov)(🏠 Varvarka Ulitsa 10 🕐 周四至次周周一10:00—18:00,周三11:00—19:00,每月的第一个周一闭馆 ¥300卢布)也位于瓦瓦卡大街,这个家族自1613年开辟了沙俄帝国的第二个王朝。🚇 地铁6、7号线,中国城站

7 马雅可夫斯基博物馆(Mayako-vsky Museum)(折页 H9)

用俄语进行辛辣抨击,无人能出其右——弗拉基米尔·马雅可夫斯基(Vladimir Mayakovsky)的诗作甚至由于直言不讳而受到审查。他以尖锐的笔触引领了苏维埃诗歌创作的革命,1930年,他在寓所内饮弹自杀。紧邻克格勃中心的马雅可夫斯基故居现在已变成一家博物馆。**当地特色** 大门处一个倾斜的金属框架标记着这个通往未来主义世界的入口。其中的一个房间仍然布置成他生前的模样,寓所内的其他地方则展示了这位苏联最著名诗人的所有作品。
🏠 Lubyanskiy Proezd 3/6 🕐 周五至次周周二11:00—19:00,周四13:00—21:00,周三及每月最后一个周五闭馆 ¥150卢布 @ www.mayakovsky.museum 🚇 地铁1号线,卢比扬卡站

8 当代艺术博物馆(Museum of Modern Art)(折页 G8)

20世纪初,俄罗斯先锋派艺术家只有一个目标:彻底颠覆他们的艺术。他们的尝试如此成功,很深地影响了最初他们模仿的西方艺术。在当代艺术博物馆可以欣赏到卡济米尔·马列维奇(Kazimir Malevich)和纳塔利亚·冈察洛娃(Nataliya Goncharova)等先锋艺术家的作品。当代艺术博物馆在莫斯科有5个场馆,共展出了1.5万件绘画作品、装置艺术及其他艺术作品。其中不乏瓦西里·康定斯基(Wassily Kandinsky)以及西方艺术大师巴勃罗·毕加索(Pablo Picasso)、萨尔瓦多·达利(Salvador Dalí)和马克·夏卡尔(Marc Chagall)的艺术珍品。此外,一个独立的区域内展出了20世纪六七十年代苏联反传统艺术家的作品。🏠 Ulitsa Petrovka 25 🕐 周三至周五12:00—20:00,周四13:00—21:00,每月第三个周一闭馆 ¥350卢布,每月第三个周日免门票 @ www.mmoma.ru 🚇 地铁7、9号线,普希金站、契诃夫站

景点

冬日里的一树灯火：未来派的扎里亚季耶公园一年四季都充满魅力

9 西地锦囊 苏联游戏机博物馆（Soviet Arcade Games Museum）● （折页 H9）

小硬币换来大乐趣：每位来访者将领到的苏联硬币，一个又一个地投入机械或者电子游戏机内，就可以玩一轮打兔子、投篮、点球射门、海战、弹球或者交通标志竞猜的游戏。有些游戏带有浓重的军事色彩，但是所有游戏都难掩其复古的魅力。获胜的玩家可以在同样怀旧的饮料贩售机买一杯格瓦斯奖励自己。
🏠 Ulitsa Kuznetsky Most 12 🕙 每日11:00—21:00 ¥ 450卢布含15个游戏 @ www.15kop.ru 🚇 地铁1号线，卢比扬卡站

10 尼古拉斯卡亚大街（Nikolskaya Ulitsa）（折页 H9–10）

以克里姆林宫的尼古拉塔（Nikolskaya Tower）命名的尼古拉斯卡亚大街始于红场，沿着古城墙向前延伸。古城墙残缺不全，中间又添进了新的建筑，只能时断时续地看到一些遗留下来的部分。尼古拉斯卡亚大街往剧院广场方向伸出两条狭窄的通道。那里的知名儿童购物中心 西地锦囊 儿童世界（Detsky Mir）有一个向公众开放的顶楼平台，在这里可以欣赏部分历史中心城区的优美风景。圣像后救世主修道院（Zaikonospasskogo Monastery）位于尼古拉斯卡亚大街7-9号内庭。1687年在这家修道院内成立了斯拉夫-希腊-拉丁学院。伟大的学者米哈伊尔·罗蒙诺索夫（Mikhailo Lomonosov）曾在此学习，并在之后创办了莫斯科国立大学。大街15号曾经是教会印刷房，1564年，俄罗斯第一本印刷书在此诞生。这条大街终止于卢比扬卡广场（Lubyanskaya Ploschad）。🚇 地铁1、2号线，卢比扬卡站、剧院站

莫斯科

11 扎里亚季耶公园（Zaryadie Park）★ ⚘ （折页H11）

莫斯科的时尚新代言：扎里亚季耶。这座充满未来感的公园不仅提供了欣赏克里姆林宫、莫斯科河和救世主大教堂美丽风景的最佳观景点，而且它如此出色，以至于本打算对它的建造计划进行尖锐批判的市政当局也惊艳不已。因为他们原计划在此处建造新的国会大楼。这里是赫鲁晓夫时期的庞然大物，曾经全球最大的酒店——俄罗斯酒店的旧址。莫斯科建城870年（2017年）庆典之际开放的公园"象征着一个更美好、更绿色的俄罗斯"，正如犀利的博客主伊尔加·瓦拉莫所言。园中有一座悬浮于莫斯科河之上的窄桥，桥长70米，桥上是理想的摄影留念地点。如果对自拍不感兴趣，可以在这里欣赏最绚丽的日落美景。不过桥上的人们常常摩肩接踵，因为这座美国建筑公司设计的悬浮大桥上总是游人如织。除此之外，扎里亚季耶公园内还有露天剧场，地下音乐厅和建筑博物馆。同样位于地下的多媒体中心包含一家4D影院，它是游客认识这座城市的窗口。🕐 周一14:00—21:00，场馆14:00—20:00；周二至周日10:00—21:00，场馆10:00—20:00 🚇 地铁6、7号线，中国城站

河畔区

从莫斯科河高岸上的克里姆林宫向平坦的对岸望去，那是俄罗斯的艺术圣地——特列季亚科夫画廊和艺术家中心之家。

沙俄时期这片地区被称为"莫斯科河河畔"（Zamoskvorechye），那时在这片泥泞之地生活遭人鄙夷。伊凡雷帝出于安全考虑将护卫军安扎于此，彼得大帝则在此将他们处决。莫斯科河河畔区过去是做苦力的人和小手工作坊从业者的聚居地，他们在这里建立了自己的教堂。到了彼得一世时期，源源不断的富商迁入了莫斯科河的南岸。19世纪后半叶，在如今的时尚街区许多工厂从沼泽中拔地而起。因为斯大林时代的城市建设计划终止于河对岸，所以这里如此多历史悠久的教堂得以幸存。即使在今天，它们也和豪华的庄园一样受到古文物保护，并排除于现代化进程之外。新建筑只兴建于庭院之中，并不破坏古老的临街外墙。与此相应的是，这里既有世代居住的老住户，也有后迁入的新贵。博利沙亚·奥尔登卡大街（Bolshaya Ordynka）和波利安卡大街（Polyanka）汇集了形形色色的咖啡馆和餐厅。

1 桶匠村的基督复活教堂（Church of the Resurrection at Kadashi）（折页H12）

拥有5座巴洛克式华丽尖塔的基督复活教堂隐匿于河畔区的一处偏巷中。它建造于1687年尼康宗教改革时期。比教堂钟塔晚20年由当地织工行业公会筹资修建的这座基督复活教堂被视为莫斯科巴洛克建筑中最具代表性的例子。🏠 2. Kadashevskiy Pereulok 7 🚇 地铁6、8号线，特列季亚科夫站（Tretyakovskaya）

2 彼得大帝纪念雕像（Peter the Great Statue）（折页F13）

整件事堪称史诗级的"败笔"：

景点

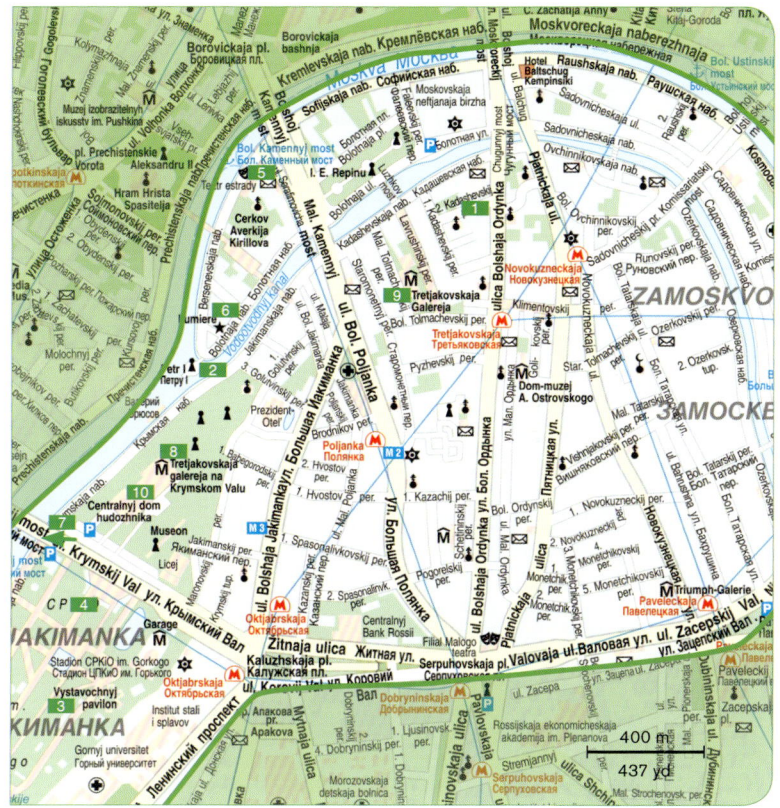

莫斯科河畔区的景点

1. 桶匠村的基督复活教堂
2. 彼得大帝纪念雕像
3. 车库当代艺术博物馆
4. 高尔基公园
5. 莫斯科河边的房子
6. 卢米埃兄弟摄影中心
7. 莫斯科博物馆
8. 特列季亚科夫画廊新馆
9. 特列季亚科夫画廊
10. 艺术家中心之家

这座94米高的纪念雕像放置在莫斯科只是权宜之计。他的雕刻者祖拉布·采列捷利（Zurab Tsereteli）原本是为了纪念哥伦布发现美洲大陆500周年而制作了这尊雕像，但是没有找到位置安放。在把哥伦布的头像换成彼得大帝后，☘ 这件作品得以竖立在克里姆林宫和救世主大教堂对面，遥望着对岸的美景。得益于前总统叶利钦的支持，雕像主旨从而改成了纪念俄罗斯海军建立300周年（1997年）。莫斯科的文化风景线曾试图拒绝接纳这座雕像，然而徒劳无功。仔细观察就能发现，雕像中的彼得大帝

莫斯科

正穿着牛仔裤,站在一艘西班牙的帆船上。

3 车库当代艺术博物馆(Garage Museum of Contemporary Art)★(折页 E15)

它绝对是莫斯科最时尚的博物馆。全球知名俄罗斯寡头富豪罗曼·阿布拉莫维奇(Roman Abramovich)的夫人达瑞亚·朱可娃(Daria Zhukova)建立了这家艺术中心,并以时换时新的展览、讲座和工作室展现俄罗斯当代艺术的丰富多彩。车库博物馆最初安置在一个1927年建成的陈旧巴士车库内,自2013年起那里改作了犹太博物馆。之后它被转移至高尔基公园的一个临时场馆内。在经历了这段过渡期后,2015年夏天,车库博物馆有了新家:建筑师雷姆·库哈斯(Rem Koolhaas)将苏联时期的著名餐厅"季节"(Vremena Goda)改成了面积5400平方米的博物馆。除了5个画廊,馆内还有一个讲堂、咖啡厅和书店。🏠 Krimsky Val 9/32 🕐 每日11:00—22:00 ¥ 500卢布 @ garagemca.org/en 🚇 地铁1号线,文化公园站

4 高尔基公园(Gorky Park)(折页 C–F 14–18)

高尔基公园在莫斯科的受欢迎程度远超其他公园,夏天里,每天沿着林荫道散步的人将近25万。其中有玩滑板的,溜旱冰的,还有兴致勃勃不断变换造型的自拍客。在经过彻底的整顿之后,今天的高尔基公园正象征着全新的、时尚的莫斯科。摩天轮、云霄飞车以及曾经的响亮音乐已从公园退场,取而代之的是更多的休憩场所、运动场地和美食餐厅。过去的设施只剩公园四处的一些复古旋转木马。从克里木小路(Krimsky Val)穿过公园大门,斯大林时代建造的巴洛克式的凯旋柱后面就是公园里最热闹的地方。<mark>当地锦囊 这里有令体育爱好者</mark>们兴奋的各种场地和设施,包括乒乓球桌、沙滩排球和足球场地和慢跑跑道。草地四周围绕着数不尽的躺椅以供休息,免费的无线网络全园覆盖。在夏季,公园每天都有不同类型的免费 ● 舞蹈班。在冬季,园内会开辟一个1.8万平方米的 ● 溜冰场(🕐 周二至周日10:00—23:00,中途休息15:00—

彼得大帝纪念雕像

当代艺术博物馆:车库博物馆属于莫斯科最重要的展览馆之一

17:00),并提供溜冰鞋出租。
🏠 Krimsky Val 9 🕐 每日24小时,免门票 @ www.park-gorkogo.com 🚇 地铁1、5号线,文化公园站

5 莫斯科河边的房子(Dom Na Naberezhnoy)(折页G12)

这栋直接取名为"堤上的房子"的灰色建筑大概是拍摄恐怖片的最佳地点。1931年苏联的许多高层领导人举家迁入了这里的505套豪华住宅中。几年之后,这片人间天堂就变成了地狱:700位住户被监禁,300位遭处决,其中包括红军曾经的领导人瓦伦丁·特里福诺夫(Valentin Trifonov)、图哈切夫斯基元帅(Tuhachevsky)和苏联早期重要领导人尼古拉·布哈林(Nikolai Bukharin)。如今,大楼外墙上的若干石碑悼念着这里的亡灵。特里福诺夫的儿子尤里(Jury)是苏联的著名作家,在1976年出版的长篇小说《莫斯科河边的房子》(*The House on the Embankment*)中,他形象地描述了"大清洗"时期楼内居民的恐慌。斯大林的儿女瓦西里(Vasily)和斯维特兰娜(Svetlana)也在这里生活过。楼内曾经设置了幼儿园、综合门诊、商店、理发店和室内体育场。

不过,此处从前是不祥之地。自15世纪起这里就有一个刑场。建造大楼期间,卡车一辆接一辆地运走了累累白骨。如今这栋综合建筑再度成为莫斯科最昂贵的住宅楼之一,并且通过一座新建的步行桥和重建后的基督救世主大教堂相连。🏠 Ulitsa Serafimovicha 2 🚇 地铁1、9号线,克鲁泡特金站(Kropotkinskaya)、博罗维茨基站(Borovitskaya)

6 卢米埃兄弟摄影中心(The Lumiere Brothers Center for Photography)★(折页F13)

卢米埃兄弟大概是觉得摄影太

莫斯科

无聊,所以发明了电影。1895年,先锋摄影师路易斯(Louis)和奥古斯塔·卢米埃(Auguste Lumière)在巴黎向公众放映了世界第一部电影。 2010年,旨在向他们致敬的摄影中心成立于红色十月厂房内。场馆内不仅展出了苏联记者的现实主义照片,而且不乏先锋摄影师阿诺德·纽曼(Arnold Newman)和威廉·克莱因(William Klein)(都是美国人),以及芬兰的概念摄影师阿诺·拉斐尔·闵奇恩(Arno Rafael Minkkinen)的摄影作品。不定期更换的展览内容精彩纷呈。🏠 Bolotnaya Naberezhnaya 3/1 🕐 周二至周五12:00—21:00,周六、周日12:00—22:00 ¥ 450卢布 @ www.lumiere.ru 🚇 地铁1号线,克鲁泡特金站

7 莫斯科博物馆(Moscow Museum)(折页 E13)

作为莫斯科最古老的博物馆之一,莫斯科博物馆内汇集了和与这座城市历史有关的考古发现、地图和艺术品,还有各式各样的克里姆林宫模型。馆内有时会举办一些趣味盎然的临时展览。纪念品商店内有各种原创纪念品。🏠 Zubovskiy Bulvar 2 🕐 周二、周三、周五至周日10:00—20:00,周四11:00—21:00,每月最后一个周一和周五闭馆 ¥ 200卢布 @ www.mosmuseum.ru 🚇 地铁1、5号线,文化公园站

8 特列季亚科夫画廊新馆(New Tretyakov Gallery)(折页 F13-14)

想要欣赏优质的艺术作品,必须忍受等待。不过可以保证的是,在特列季亚科夫画廊新馆前排队也是值得的。特列季亚科夫画廊成立的新馆展出了1917年至今的绘画佳作。其中的一个大型场馆内陈列着社会现实主义的作品。馆内还能欣赏到卡济米尔·马列维奇(Kazimir

向热心于艺术事业的帕维尔和谢尔盖兄弟致敬:特列季亚科夫画廊

景点

Malevich)的《白底上的黑色方块》(Black Square),瓦西里·康定斯基以及苏联构成主义的艺术作品。🏠 Krimsky Val 10 🕐 周二至周四、周日10:00—18:00,周五、周六12:00—21:00 ¥ 450卢布,夏季每周三免门票 @ www.tretyakovgallery.ru 🚇 地铁5、6号线,十月站

9 特列季亚科夫画廊(Tretyakov Gallery)★● (折页G12)

特列季亚科夫画廊之于莫斯科正如冬宫之于圣彼得堡。丰富的馆藏涵盖了从中世纪圣像画到马克·夏卡尔(Marc Chagall)的绘画作品。1892年,商人兼艺术赞助人帕维尔·特列季亚科夫(Pavel Tretyakov)将他与弟弟一起收藏的2000件画作及整座房子捐赠给了莫斯科市。1881年起市民便可以免费来此欣赏这些珍贵的艺术作品。特列季亚科夫直到逝世前一直担任着画廊馆长的职务。博物馆于1917年收归国有,并在经历了十月革命和内战后,成为现在的样子。馆内纳入了许多艺术爱好者自愿捐赠的私人收藏,以及其他充公的艺术作品。

如今,特列季亚科夫画廊的展品已累计有10万件,并横跨各个时代。🏠 Lavrushinsky Pereulok 10 🕐 周二、周三、周日10:00—18:00,周四至周六10:00—21:00 ¥ 500卢布 @ www.tretyakovgallery.ru 🚇 地铁6、8号线,特列季亚科夫站

10 艺术家中心之家(Central House of Artists)(折页F13—14)

不用多花时间就能直奔主题:手工艺人、时装店和音乐表演直接迎到了门口。高尔基公园对面这座宏伟的白色水泥建筑,给俄罗斯当代艺术家们提供了展示自己作品的空间。建筑物后是缪斯博物馆公园(Muzeon Park of Arts),园内展出了许多历史悠久的雕塑作品。苏联时期的纪念碑也位列其中。最大的一尊雕像是克格勃的创始人捷尔任斯基。🏠 Krimsky Val 10 🕐 周二至周日11:00—20:00 ¥ 400~500卢布 @ www.cha.ru 🚇 地铁5、6号线,十月站

阿尔巴特街和特维尔大街

从克里姆林宫出发向西,一条狭小的街道穿过了古城区。新阿尔巴特街(New Arbat Avenue)的高楼大厦上,赌场和舞厅的霓虹灯耀眼夺目。

阿尔巴特民俗老街和商业新街首尾相连,古老宫殿和新式公寓相映成辉。老阿尔巴特街(Alten Arbat)仍洋溢着迷人的莫斯科风情。它是苏联第一条步行街,街边婚礼蛋糕式的外交部大楼格外引人注目。在这片古老的艺术家聚居区曾生活着许多著名的作家、思想家和歌唱家:普希金(Pushkin)、契诃夫(Chekhov)、茨维塔耶娃(Tsvetayeva)和奥库扎瓦(Okudzhava)。今天艺术家、肖像画家和数不胜数的俄罗斯套娃手工艺人在此迎候游客的到来。

特维尔大街(Tverskaya Ulitsa)从克里姆林宫向西北方向延伸,过去沙皇经由此路从圣彼得堡来到莫斯科。不论以前还是现在它都是莫斯科最时尚的商业街之一,苏联时期曾更名高尔基大街,当时是莫斯科

莫斯科

基督救世主大教堂的金顶之下有上万个信徒席位

夜生活的心脏地带。享誉全球的俄罗斯作家高尔基（Gorky）、契诃夫（Chekhov）、果戈里（Gogol）和布尔加夫（Bulgakov）的故居位于特维尔大街和阿尔巴特街之间，如今都开放参观。克里姆林宫的西南边，重建后的基督救世主大教堂，金色圆顶大气磅礴，直指苍穹。普希金博物馆（Pushkin Museum）展出了特洛伊宝藏、古埃及陵墓中的陪葬品还有法国印象派画作。

1 莫斯科大学老校区（折页 F10）

克里姆林宫对面的大楼始建于1793年，是莫斯科最美的建筑之一。它是莫斯科大学新闻系所在地，也是这所罗蒙诺索夫创办的俄罗斯最古老大学的旧址。部分医学院系位于几步外，后庭内是古生物博物馆。Ulitsa Mokhovaya 9-11 地铁1号线，列宁图书馆站

2 老阿尔巴特街（折页 D-E10-11）

莫斯科再没有哪个地方像这里一样拥有如此多的纪念品商店和街头音乐家。沙俄时代，不少贵族、文豪、音乐家都曾在此居住，街道两旁矗立着简洁而稳重的古典建筑，保留着传统与古朴的风情，街上还有诗人普希金的故居和塑像。可惜的是，越来越多的咖啡馆和时尚餐厅、层出不穷的新建筑侵蚀着这条步行街的古朴与传统。即便如此，老阿尔巴特街仍然值得一游。地铁3、4号线，阿尔巴特站、斯摩棱斯克站

3 国立布尔加科夫博物馆
（Bulgakov Museum）（折页 E8）

这套昏暗的住所位于院落深处、公寓楼的顶层。它是布尔加科夫迷们的朝拜圣地。楼梯间的墙壁上遍布层层叠叠的涂鸦，已找不到一处空白的位置。在这处寓所内，布尔加科夫创

景点

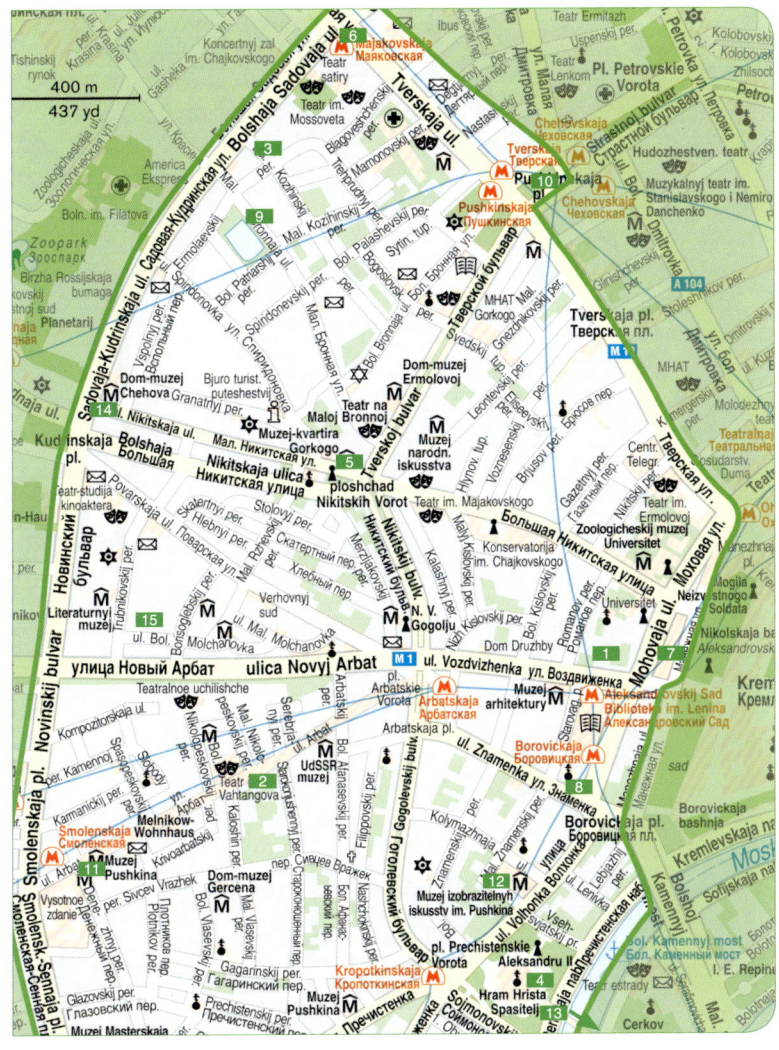

阿尔巴特街和特维尔大街的景点

1. 莫斯科大学老校区
2. 老阿尔巴特街
3. 国立布尔加科夫博物馆
4. 基督救世主大教堂
5. 高尔基故居
6. 手风琴博物馆
7. 马涅什展览中心
8. 帕什科夫大楼
9. 牧首塘
10. 普希金纪念碑
11. 普希金故居博物馆
12. 普希金美术博物馆
13. 红色十月
14. 契诃夫故居博物馆
15. 茨维塔耶娃故居博物馆

莫斯科

作了长篇小说《大师和玛格丽特》（The Master and Margarita），书中讲述了魔鬼撒旦的人间视察之旅，他来到20世纪30年代的莫斯科，旅程起始于牧首塘，止于帕什科夫楼。这间博物馆不仅是窥视作家生活的窗口，而且定期会举办晚间戏剧表演。馆内只提供俄语解说。🏠 Bolshaya Sadovaya Ulitsa 10 🕐 周一至周四13:00—23:00，周五、周六13:00至次日1:00，周日12:00—23:00 ￥300卢布 @ www.dombulgakova.ru 🚇 地铁2号线，马雅可夫斯基站（Majakovskaya）

4 基督救世主大教堂（Cathedral of Christ the Saviour）★● （折页F12）

每次有重要人物的遗体在此安葬时，这里就会播放免费电影。这座光彩夺目的白色教堂有迷人的金色圆顶，来自全国各地的朝圣者排起的长龙常常绵延至数百米开外。它无疑是俄罗斯地位最崇高的教堂——每到东正教的圣诞节和复活节，大牧首将亲自主持弥撒。这座教堂原本是为了庆祝1812年战争胜利而建，却直到1883年才完工。20世纪90年代，在各方捐助之下，人们完美复原了这座教堂。在斯大林时代这里原本计划建造第8栋婚礼蛋糕楼——宏大的苏维埃宫，顶上竖立一尊巨大的列宁雕像。然而因为地基问题和资金紧张不得不叫停建造计划。后来，在赫鲁晓夫的指示下，这个挖出来的地基坑就地改建成一座露天泳池。教堂地下室的博物馆内追溯了教堂建筑这段动荡的历史。

如今的大教堂可同时容纳万人共聚。入口处站着莫斯科内城区最严格的安检人员。一座步行桥将教堂与莫斯科河对岸相连。🏠 Ulitsa Volkhonka 15 🕐 每日10:00—17:00，节假日或有变动，入内须穿长裤，妇女须佩戴头巾 @ www.xxc.ru 🚇 地铁

都市徒步真人秀

整个旅程从莫斯科的某处公墓出发。全程无导游，语音伴您行——城市之旅 当地精选 "遥远的莫斯科（Remote Moscow）"（🕐 周二至周日13:00、14:00、15:00、16:00、17:00和19:30，共100分钟 ￥约人民币200元起 @ remote-moscow.ru/eng）为每位参与者只准备了一副耳机。耳机里的神秘声音会给出指示，描述路径并且启发思考。这段屡获赞誉的特别旅程并不会在大家熟知的名胜古迹逗留；克里姆林宫、红场、高尔基公园不包含在它的行程之内。如果按照语音指示——照做，它将引领参与者穿过院落、潜入地下室、走过涂鸦墙、出入地铁并参加公园的赛跑。通过镜子前的集体合照和红毯上的芭蕾舞表演等项目，"遥远的莫斯科"还寻求群体的带动力和每个人对自我的认识。因为参与者们都已经化身演员，将城市漫步转变成一场表演。旅行终止于游客罕至的地方。在网页上就可以预约行程。如果在俄语界面预约，将拥有更多的日期选择，不过耳机里的男声一直都是说英语的。

1号线，克鲁泡特金站

5 高尔基故居（Gorky House-Museum）（折页 E9）

在这座活泼雅致的青春艺术风格建筑内，高尔基度过了他的晚年：1931—1935年他生活在这栋1903年建造的别墅里。它原为俄罗斯富商里亚布申斯基（Ryabushinsky）让建筑师弗朗茨·谢赫特尔（Fyodor Schechtel）帮他设计建造的私宅。游客可以自由参观高尔基卷帙浩繁的私人图书馆，因为自1965年起，为了纪念高尔基，整栋别墅作为博物馆向公众开放。房屋的室内设计非常具有观赏价值，处处体现了青春艺术风格的特点，楼梯间与众不同的设计尤为亮眼。🏠 Malaya Nikitskaya Ulitsa 6/2 🕐 周一至周日11:00—17:30，每月最后一个周四闭馆 ¥ 300卢布 🚇 地铁3、4号线，阿尔巴特站、普希金站

6 手风琴博物馆（Russian Harmonica Museum）（折页 D6）

俄罗斯的国民乐器手风琴在全球有4家博物馆，此为其中之一。访客可以体验从1780年以来的各式古老手风琴。🏠 Ulitsa 2. Tverskaya-Jamskaya 18 🕐 周二、周三、周五、周六10:00—17:00，周四11:00—21:00，每月最后一个周五闭馆 ¥ 200卢布 🚇 地铁2号线，马雅可夫斯基站

7 马涅什展览中心（Manege Exhibition Centre）（折页 G10）

这里曾经是霉臭难闻的皇室马厩，如今是模特们的魅力T台。马涅什中央展览厅内会定期举办时尚秀，届时有顶级模特展示当季的新风尚。除此之外，这里还常常承办各式各样的展览和音乐会。建筑物旁的喷水池提醒着人们这里的过去：祖拉布·采列捷利的骑马人雕像朝着克里姆林宫方向策马奔驰。展览厅顶棚近45米宽的无支撑木梁结构堪称工程上和美学上的奇迹。曾毁于一场大火的马涅什在2004年重获新生。🏠 Manezhnaya Ploschad 1 🕐 周二至周日12:00—22:00 ¥ 250卢布 @ moscowmanege.ru 🚇 地铁4号线，亚历山大公园站

8 帕什科夫楼（Pashkov House）（折页 F11）

在帕什科夫楼的高处，俄罗斯商人彼得·帕什科夫（Pyotr Pashkov）能够尽情欣赏优美如画的克里姆林宫全景。这座富丽堂皇的古典主义建筑建于1788年，拥有气势恢宏的柱廊外观，建造在一座人工堆积的小山丘上。自1839年起，它就成了艺术博物馆和图书馆，并最终于1925年归属于国立列宁图书馆（Lenin library）。如今，毗邻帕什科夫楼的灰色新建筑在宽度上远远超过了原建筑。🏠 Ulitsa Mokhovaya，Ulitsa Znamenka转角 🚇 地铁9号线，博罗维茨基站

9 牧首塘（Patriarch's Ponds）（折页 D-E8-9）

在历史中心城区的地铁马雅可夫斯基站、特维尔站和普希金站之间，有一片当下最受欢迎的住宅区。它的名字来源于面积将近1万平方米、深约2米的池塘——牧首塘。因为最初在这个池塘旁边还有两个池塘，所以至今人们仍然是用复数称呼它。在今天唯

莫斯科

从富商彼得·帕什科夫的家向外眺望,克里姆林宫的景色一览无余

一留存的池塘周围和旁边的大街上,**当地精粹▶浪漫优雅的咖啡馆和时尚个性的时装店**比比皆是。在这里随心而行,感受这条昂贵石子路的欧式风情与优雅宁静。

10 普希金纪念碑(Pushkin Monument)(折页F8)

普希金纪念碑是莫斯科恋人们最热门的碰面地点,即使您到访时可能并没有看见情侣。这里四通八达,青铜雕像后面还有一个可以供人小坐的喷泉池。🏠 Pushkinskaya Ploschad 🚇 地铁2、7、9号线,特维尔站、普希金站、契诃夫站

11 普希金故居博物馆(Pushkin House-Museum)(折页D11)

1830—1831年,普希金和他的夫人娜塔丽娅(Natalia)在老阿尔巴特街租借的房子里度过了一年半的时光。1986年,普希金纪念展览在这里面向公众开放。同时对普希金的住所也进行了复原。🏠 Prechistenka 12/2 🕐 周二、周三、周五至周日10:00—18:00,周四12:00—21:00 ¥ 200卢布 @ www.pushkinmuseum.ru 🚇 地铁1号线,克鲁泡特金站

12 普希金美术博物馆(Pushkin Museum of Fine Arts)★(折页F11)

即使花上一整天时间也看不完这个博物馆,就算踩着滑板也不行——当然,千万不要做这样的尝试。普希金博物馆的深处是充满传奇色彩的特洛伊(Troy)宝藏。它也叫普里阿摩斯(Priam's Treasure)的宝藏,是1873年由著名的德国考古学家海因里希·施利曼(Heinrich Schliemann)发掘出来的。这个宝藏总共包含将近

景点

900件珍宝,据推测比特洛伊本身还要早1 000年。施利曼将这个宝藏带到了柏林,然而到了1945年,它成了苏联红军的战利品。从那时起,特洛伊宝藏就留在了莫斯科。不过这家博物馆的丰富馆藏不限于此。它拥有超过50万件展品,仅次于圣彼得堡的冬宫,是俄罗斯第二大博物馆。其前身是莫斯科国立大学的19世纪精品艺术博物馆。1912年开馆之际,时任馆长伊万·茨维塔耶夫(Ivan Tsvetayeva)[女诗人玛琳娜·茨维塔耶娃(Marina Tsvetayeva)之父]命人展出了古代所有知名雕塑的石膏复制品,它们现在仍然是馆内展品的一部分。除此之外,古埃及木乃伊和苏美尔浮雕也在馆藏之列。

十月革命之后,这里被收归国有,同时数量可观的私人收藏大大地充实了这里的藏品。1937年起,它被命名为普希金博物馆,并成为全球最大的印象派作品展览馆之一:其中包含雷诺阿(Renoir)、莫奈(Monet)和塞尚(Cézanne)等大师的作品。此外,俄罗斯流亡艺术家瓦西里·康定斯基和马克·夏卡尔,德国艺术家卡斯帕·大卫·弗雷德里希(Caspar David Friedrich)和阿尔布雷希特·丢勒(Albrecht Dürer),他们的画作共同作为掠夺艺术品在布雷默(Bremer)展厅展出。自2006年起,设立了一个新展馆,在这里人们可以欣赏到瓦西里·康定斯基、马克·夏卡尔、巴勃罗·毕加索、伦勃朗·凡·莱因(Rembrandt van Rijn)和文森特·凡·高(Vincent van Gogh)令人赞叹的传世名作。

自1945年来到莫斯科后,海因里希·施利曼的特洛伊宝藏和布雷默展厅内的艺术品仍一如既往地作为馆藏的一部分流传下去。🏠 Ulitsa Volkhonka 12 🕒 周二、周三、周六、周日11:00—19:00,周四、周五11:00—21:00 ¥ 550卢布 @ www.arts-museum.ru 🚇 地铁1号线,克鲁泡特金站

13 红色十月(Red October)★(折页F12—13)

曾经的巧克力工厂,如今的俱乐部、咖啡馆和小型网络公司的聚集地——这个位于莫斯科河河畔的红色砖墙建筑群值得专程拜访。在厂区支路两侧的墙壁上,总能发现五彩斑斓的街头涂鸦。🏠 Bersenevskiy Pereulok 3/10, 8号楼 🚇 地铁1号线,克鲁泡特金站

14 契诃夫故居博物馆(Chekhov House-Museum)(折页D9)

这座不起眼的红色小房子几乎要被周围的建筑淹没了。安东·契诃夫1886—1890年在此行医和创作,之后他搬到了萨哈林岛(Sakhalin,库页岛),并在那里染上了严重的肺结核。1954年开放的契诃夫故居博物馆努力营造出作家在此生活时的氛围。🏠 Sadovaya-Kudrinskaya Ulitsa 6 🕒 周二、周三、周五至周日11:00—18:00,周四14:00—20:00,每月的最后一天闭馆 ¥ 100卢布 🚇 地铁7号线,路障站

15 茨维塔耶娃故居博物馆(Marina Tsvetaeva House-Museum)(折页D10)

当玛琳娜·茨维塔耶娃为俄国当时的仇敌——德国写下诗句"热烈

莫斯科

地爱您，只要我活着"之时，第一次世界大战刚刚爆发。当新的仇恨正要萌芽，这位俄德混血女作家用诗句表达渴望和平的绝望呐喊。茨维塔耶娃1922年流亡至柏林、布拉格和巴黎之前，就生活在莫斯科这栋古典主义风格的小别墅里。别墅内收藏了大量俄罗斯移民文学作品。博物馆内定期会举办诗歌朗诵、展览和音乐会。🏠 Borisoglebskiy Pereulok 6 🕐 周二、周三、周五至周日12:00—19:00，周四12:00—21:00，每月的最后一个周五闭馆 ¥ 200卢布 @ www.dommuseum.ru 🚇 地铁3号线，斯摩棱斯克站、路障站

庞然大物：全俄展览中心的东方号飞船

市郊

全俄展览中心（All-Russia Exhibition Center）★

　　漫步在曾经的国民经济成就展览馆，犹如一次重回苏联的时间之旅：占地200公顷的全俄展览中心入口处就象征着苏联的成就。因为这里竖立着的航天纪念碑正向苏联第一颗人造地球卫星致敬：外面包裹了一层抛光钛薄板的航空火箭拖着长长的火焰，"呼啸着"腾空至99米高。1939年，斯大林命人建造此展览馆，以展示苏联农业集体化和大工业建设的成果。一尊工人和集体农庄女庄员的金属雕像（Worker and Kolkhoz Woman）迎接着客人们的到来，它是知名雕刻家维拉·穆欣娜（Vera Mukhina）为了1937年的巴黎国际博览会设计的作品。每一个苏联的加盟国都拥有代表本国建筑特色的展览馆。全俄展览中心1990年进行了私有化，并且转变成了一个巨大的商品交易市场。场馆内还有孩子们喜爱的骑小马、射击摊位和碰碰车等游乐项目。🏠 Prospekt Mira 119 🕐 每日9:00—23:00，免门票 @ www.vvcentre.ru 🚇 地铁6号

景点

线，国经成就展站（VDNKH）

航天纪念碑的基座内是相应的主题展览馆（Moscow Memorial Museum of Cosmonautics）。这个令人惊叹的大型展览展示了俄罗斯的航天发展史（只有俄语解说 🏠 Prospekt Mira 111 🕐 周二、周三、周五和周日10:00—19:00，周四、周六10:00—21:00 ¥ 250卢布 🚇 地铁6号线，国经成就展站）。

安德罗尼科夫救主修道院（Andronikov Monastery）（折页M11）

修道院内曾经的克格勃秘密档案馆变成了今天的古俄罗斯艺术和圣像画展览馆。来自俄罗斯各省总计5 000幅圣像画汇集于此，无限珍贵的赞美诗集和教会道具也在馆藏之列。名垂青史的俄罗斯圣像画家安德烈·卢布廖夫（Andrey Rublyov）在这座修道院内创作壁画直至逝世（1430年）。救世主教堂的圣坛窗户上还保存了他创作的壁画，它们堪称俄罗斯早期教堂建筑艺术的典范。这座修道院内展出的卢布廖夫圣像画只是复制本，真迹收藏在克里姆林宫和特列季亚科夫画廊。修道院初建于1360年，之后被毁，直到1427年才用白色石灰石进行了重建。🏠 Andronevskaya Ploschad 10 🕐 周一、周二、周四14:00—21:00，周五至周日11:00—18:00 ¥ 400卢布 @ www.rublev-museum.ru 🚇 地铁8、10号线，伊里奇广场站（Ploschad Ilyicha）、罗马站（Rimskaya）

麻雀山（Sparrow Hills，Vorobyovy Gory）（折页A18）

麻雀山上著名的观景台位于莫斯科河河畔80米高的地方，它是 当地锦囊 莫斯科最热门的婚纱摄影和摩托车手碰面地点。这里拥有整个首都，包括"七姐妹"建筑在内的全景视野。到了冬季，这里的滑雪跳台和滑坡格外受欢迎。过去沙皇常在麻雀山的树林里打猎，如今它成了自然保护区，数不清的河畔道路上慢跑的人们往来不绝。🏠 Ulitsa Kosygina 🚇 地铁1号线，麻雀山站（Vorobyovy Gory）

丹尼洛夫斯基修道院（Danilovsky Monastery）（折页H18）

这个选择对于他来说似乎顺理成章：俄罗斯东正教的最高领袖—莫斯科大牧首把这个全城最古老的修道院选作他的官邸。亚历山大·涅夫斯基（Alexander Nevsky）大公的儿子丹尼洛夫（Daniil）1282年在莫斯科城门前建造了这座修道院。如今他和沙皇时期的许多名人被一起安葬在这里。1930年克格勃在此设置了一座孤儿院。勃列日涅夫在他离世不久前终于让这座修道院回归宗教。教堂建筑和内部设施极具观赏价值。修道院位于一片破败的老厂房中间，不要因此打消了前往参观的念头。🏠 Danilovskiy Val 22 🕐 每日6:00—21:00 @ www.msdm.ru 🚇 地铁9号线，图拉站（Tulskaya）

奥斯坦金诺电视塔（Ostankino TV Tower）

电视塔的电梯一分钟之内就能升至337米高的观景台。站在平台的玻璃地板上，在晴朗的天气可以极目远眺至60千米开外，甚至能欣赏市郊的风景。登塔的前提是必须预约：每日首次的时间是上午10点，末次是

莫斯科

在科罗缅斯科耶,传说中的沙皇木宫殿在重建之后大放光彩

晚上10点。务必携带证件,儿童年龄必须在7岁以上!塔里的餐厅"七重天(Seventh Heaven)"提供香槟酒,让美景和美酒与您相伴。🏠 Ulitsa Akademika Koroleva 15 ¥ 980卢布 📞 495 9 26 61 11 @ www.tvtower.ru 🚇 地铁6号线,国经成就展站,转公交13路或15路

毡靴博物馆(Museum of Russian Valenki)(折页K15)

这家博物馆致力于向人们介绍俄罗斯人抵御冬日严寒最重要的穿戴物品。

场馆内展示了毡靴手工作坊的生产设备、日常毛毡靴和19世纪以来大师刺绣的毛毡作品。这里甚至还有手工制作毛毡的速成课。如想参观,须预约。🏠 2. Kozhevnicheskiy Pereulok 12 🕐 周二、周三、周五、周六 11:00—17:30 ¥ 100卢布,导游250卢布 📞 91 04 02 59 13 🚇 地铁2、5号线,帕维列茨站(Paveletskaya)

科罗缅斯科耶(Kolomenskoye)★ ● ⚘

神秘梦幻的沙皇宫殿,华丽典雅的木质建筑——科罗缅斯科耶是俄罗斯的童话王国,全世界最迷人的露天博物馆。最值得参观的是庄园里年代久远的教堂。施洗约翰圆顶大教堂(Church of the Beheading of John the Baptist in Dyakovo)被视为红场上的圣瓦西里升天大教堂的范本。1532年为了庆祝伊凡雷帝的诞生而修建的耶稣升天教堂(Church of the Ascension),拥有不可思议的62米高尖塔,被联合国教科文组织列入世界遗产名录。

传说中拥有270个房间的沙皇木宫殿一度只剩下门厅,然而大到足以放下古俄罗斯艺术博物馆。之后人们

景点

对这座木制城堡进行了重建。现在这里的大部分建筑都承办了不同主题的展览。莫斯科河畔的这座美丽庄园是最受欢迎的休养胜地。庄园内每年会举办两次 周边 精华 蜂蜜集市，一般在3月份和8月到10月初。届时集市上的摊位数不胜数，人们可以试吃，并且能论升或按小包装购买，不容错过。🏠 Prospekt Andropova 39 🕐 每日10:00—18:00，博物馆周一闭馆 ¥ 博物馆门票50卢布到300卢布不等 @ mgomz.com/kolomenskoe 🚇 地铁2号线，科洛姆纳站（Kolomenskaya）

犹太博物馆与宽容中心（Jewish Museum and Centre of Tolerance）（折页F4）

位于巨大公交车库内的犹太博物馆与宽容中心追求的是以交互体验的方式普及知识。馆内利用多媒体设备和3D电影放映厅讲述了18世纪以来犹太人在俄罗斯的发展史。这里几乎没有展品，只有布景和交互体验台。

展览馆的核心内容是第二次世界大战和犹太人大屠杀。虽然所有电影都配有英文字幕，但是场馆内的许多讲解只有俄语。

线上的宽容中心希望通过社会心理学的测试、影像、采访和电影让更多人接受。🏠 Ulitsa Obraztsova 11 🕐 周日至次周周四12:00—22:00，周五10:00—15:00 ¥ 400卢布 @ www.jewish-museum.ru 🚇 地铁5号线或有轨电车9路，新村庄站

谢尔吉耶夫镇（Sergiev Posad）★

谢尔吉耶夫镇的圣三一修道院（Troitse-Sergieva Lavra 🕐 5:00—21:00 @ www.stsl.ru）位于莫斯科城门之前，错落有致的洋葱式尖塔引人注目。小镇也曾叫作扎戈尔斯克（Zagorsk）。从雅罗斯拉夫利火车站（Yaroslavskiy Station）乘坐城郊列车，不到一个半小时便可到达，票价170卢布起。这个宗教朝圣地是一日游的好去处。

这座修道院是俄罗斯最重要的宗教中心，相当于天主教的罗马教廷，不过东正教没有梵蒂冈那么集权化的管理。修道院蓝金相间的洋葱圆顶即使在很远的地方也清晰可见。如果在城墙后宽阔的修道院内行走，不时能遇见穿着黑色长袍的学生，他们来自这里的神学院和东正教会学校。1422年建成的金顶教堂是圣谢尔盖的遗体存放处。前来朝拜的信徒不计其数。俄罗斯大妈们则在水井小礼拜堂用容器盛满圣水。

迄今为止，谢尔吉耶夫圣三一修道院被视作东正教五大劳拉和隐修士修道院中历史最悠久、地位最崇高的修道院。全世界最大的教堂钟也是这里的标志之一，它重达72吨、高4.5米。2004年新铸成后，它被放置于87米高的钟塔上。这座钟塔从1761年起就存在于修道院内。

修道院的历史像一个晚安故事：一切始于1340年，出身贵族家庭的圣谢尔盖·拉多涅日（St Sergai of Radonezh）命人在莫斯科以北68公里的僻静丛林中修建了一处隐修士的居室和一所木质小教堂。不久之后，修士们纷纷前来追随于他。金帐汗国的蒙古军队入侵之时，谢尔盖在这里为抵御外敌的将士们祈祷，鼓舞士气。与此同时，他命人对修道院进行了加固。民族英雄库兹马·米宁和德米特

莫斯科

小巧的圣三一座堂是圣谢尔盖的长眠之地

里·波扎尔斯基就是从谢尔吉耶夫镇出发率军解放了莫斯科,如今他们的纪念雕像正竖立在红场上。在圣谢尔盖逝世之后,对于罗曼诺夫王朝的沙皇们来说,圣三一修道院是重要的朝圣地。1688年,这里成为年轻的沙皇彼得大帝的避难所,以躲避射击军的暴乱。十月革命后不久,列宁将修道院解散,战后,斯大林恢复了这座修道院的宗教活动。这里随即成为大牧首的官邸,直至1988年。

1559年,伊凡雷帝命人依照莫斯科城墙的样式,修建了12米高、6米厚、1.5千米长的白色城墙。比城墙历史更悠久、意义更重大的是存放修道院创始人圣谢尔盖遗体的圣三一座堂(Holy Trinity Cathedral)。教堂内有一幅安德烈·卢布廖夫闻名遐迩的圣三一圣像画副本。卢布廖夫曾经在这座修道院内学习。该画的真迹如今在特列季亚科夫画廊展出。◐ 每日5:30—20:30,导游时段8:00—18:00

伊兹梅洛沃的克里姆林宫(Kremlin in Izmailovo)

即使是仿照建筑,还是值得一游:伊兹梅洛沃的克里姆林宫色彩缤纷,位于银葡萄池塘(Serebryano-Vinogradnyy Prud)边的山丘上。城墙内的手工艺品和跳蚤市场是怀旧人士的伊甸园。外形各异的木制塔楼内填塞着五花八门的各式展览:钟博物馆，俄罗斯玩具博物馆，俄罗斯服装博物馆和俄罗斯童话博物馆。最值得推荐的是46米高的圣尼古拉（Nikolaos of Myra）木制教堂。科罗缅斯科耶的沙皇木宫殿在伊兹梅洛沃的克里姆林宫内得到重建。一片池塘、一个动物园和一个鸟舍也被囊括其中。

克里姆林宫附近的 当地锦囊 伏特加博物馆（Vodka Museum ¥ 180卢布 @ www.vodkamuseum.ru）除了提供惯例的试酒环节，还展示了伏特加的历史和制作配方。每位访客可以免费喝一小杯俄罗斯特色蜂蜜酒。Izmailovskoye Shosse 73 每日10:00—20:00 @ www.kremlin-izmailovo.com 地铁3号线，帕申斯卡娅站（Partisanskaja）

莫斯科大学（Lomonosov Moscow State University）

莫斯科国立大学的创始人罗蒙诺索夫（Lomonosov）尚在19岁的稚嫩年纪时，便从遥远的阿尔汉格尔斯克（Arkhangelsk）出发，步行上千千米，只为来莫斯科求学。他在俄罗斯科学界的名望无人能及。以他名字命名的罗蒙诺索夫大学，也叫莫斯科国立大学，现位于"七姐妹"之一的婚礼蛋糕楼内，通常情况下拒绝游客的来访。这座235米高的摩天大楼是麻雀山景区最显眼的建筑。Ulitsa Leninsky e Gory 1 地铁1号线，大学站（Universitet）

当地锦囊 多媒体艺术博物馆（Multimedia Art Museum）

这家摄影博物馆没有常设展，只以临时展的方式展出全球时下最热门摄影师的作品。

展览内容涉及从摄影技术初期到数字摄影时代的各种照片——当然

省钱有道

野草青青蔓延至河边，偶有小船划破宁静。在 银松林 [Serebryany Bor 4. Khoroshevskogo Serebryanogo Bora Liniya 地铁7号线，波列扎耶夫站（Polezhayevskaya），再转小巴士65路]，莫斯科褪去了大都市的繁华与喧嚣。这里的莫斯科河干净清澈。每到炎热干燥的夏季，这个免费的露天游泳池成为人们逃离城市的理想之地。

想要通过一次简短又省钱的 城市环游收获莫斯科初印象，并且只凭一己之力？只需要坐上胜利公园地铁站旁边的2路公交车。一张车票只要50卢布，而且不管您在车上待多久。它沿着库图佐夫大街（Kutuzovsky Prospekt）开向市中心，途经"七姐妹"建筑之一的乌克兰饭店（Ukraina hotel）、克里姆林宫、莫斯科大剧院、列宁图书馆，最终返回至胜利公园。

彼得大帝修建了一座药草园（折页 J6）（Aptekarskiy Ogorod Prospekt Mira 26 每日10:00—22:00 @ www.hortus.ru 地铁5号线，和平大道站），并于1706年亲手种植了一棵落叶松，它存活至今。只需200卢布便可以欣赏到令人赞叹不已的亚热带温室和实验室。

莫斯科

也含影像作品。博物馆定期会举办莫斯科摄影双年展和"时尚与个性"国际摄影节。🏠 Ulitsa Ostozhenka 16 🕐 周二至周日，12:00—21:00 ¥ 500卢布 @ www.mamm-mdf.ru 🚇 地铁1、5号线，文化公园站、克鲁泡特金站

新圣女公墓（Novodevichy Cemetery）（折页A15）

俄罗斯也流行名人公墓。新圣女公墓是几位俄罗斯天才的安息之地，比如作家果戈里、契诃夫和布尔加科夫，也有几位大人物，包括斯大林的夫人娜杰日达·阿利卢耶娃（Nadezhda Alliluyeva）、尼基塔·赫鲁晓夫、戈尔巴乔夫的夫人赖莎·戈尔巴乔娃（Raisa Gorbacheva）、鲍里斯·叶利钦和大提琴演奏家姆斯蒂斯拉夫·罗斯特罗波维奇（Mstislav Rostropovich）。许多墓碑都是著名雕刻家的杰作，雕刻家恩斯特·涅伊兹韦斯内（Ernst Neisvestny）便是其中一位。**复活节时，整个公墓沉浸在一片极其美好的氛围之中。**那时亲人们都会将糕点放在故人墓前，并点上蜡烛。即使墓地已被厚厚的积雪覆盖，也值得一访。🏠 Luzhnetskiy Proyezd 2 🕐 每日11:00—17:00 @ www.novodevichye.com 🚇 地铁1号线，运动站（Sportivnaya）

新圣女修道院（Novodevichy Convent）●（折页A15）

当她们1812年把败退的法军的炸弹导火索扑灭的时候，那些被迫来此生活的修女们成了英雄。因为她们保护了莫斯科面积最大、景色最迷人的修道院免遭毁灭。失宠的皇室女眷曾被禁锢在这片华丽的高墙内——鲍里斯·戈杜诺夫（Boris Godunov）1598年成为沙皇的时候开了这样的先例。

也许这也是他命人把城墙加高的原因。遭此惩罚的皇室成员除了彼得大帝的第一任皇后欧多克娅（Eudoxia），还有他同父异母的妹妹索菲娅（Sophia）公主，因为1689年索菲娅公主发动叛乱。1922年，修道院被改成了妇女解放博物馆，直到1994年它才恢复了宗教活动。整个建筑群已经被联合国教科文组织收入《世界文化遗产名录》。位于中心

古代反抗的女子消失在新圣女修道院的美丽高墙内

位置的斯摩棱斯克大教堂（Cathedral of Smolensk）内保留着源自16世纪的古老壁画，精美绝伦，令人印象深刻。6层高的钟塔（Bell Tower）在2015年进行修缮工作时，突发火灾遭到损坏。在修道院的公墓内，除了索菲娅公主，彼得大帝和两个妹妹也安葬于此。这里也是1825年发动起义的十二月党人（Dekabrist）的长眠之地。🏠 Novodevichiy Prospekt 1 🕐 每日10:00—17:00，每月第一个周一闭院 ¥ 300卢布 @ novodev.msk.ru 🚇 地铁1号线，运动站

帕斯捷尔纳克故居（Boris Pasternak House-Museum）

如果想参观长篇小说《日瓦戈医生》（Doctor Zhivago）的创作地，就从基辅火车站（Kiev Station）乘坐半小时电气列车前往佩列捷尔金诺村（Peredelkino）。一条小路直通一片达恰居住区。从20世纪30年代起，不计其数的俄罗斯作家在此度过了他们的夏天。1934年，高尔基向斯大林建议，在莫斯科郊外为作家们专门建设一片别墅区，以方便他们更好地生活和创作，斯大林接受建议，当局选择了当时离莫斯科市中心约30千米的这

莫斯科

座小村落,在茂密的松树林中建起50余幢两层木屋,每座木屋四周均留有数百甚至上千平方米的原始林地,形成了一座座童话般的林中别墅。

鲍里斯·帕斯捷尔纳克(Boris Pasternak)的别墅保留至今并开放参观。他在那些宽敞明亮的房间里写出了伟大的著作。作家的书桌和书架增添了房子里的文学氛围,老式电视机和三角钢琴今天仍然是屋内陈设的一部分。紧邻帕斯捷尔纳克故居的是讽刺作家伊利亚·伊尔夫(Ilya Ilf)和伊利亚·爱伦堡(Ilya Ehrenburg)的度假别墅,后者以作品的名字"解冻"(Thaw)定义了苏联在赫鲁晓夫领导下的时期,并使之成为该时代的标识。米哈伊尔·布尔加科夫将这个作家村写进了《大师和玛格丽特》一书中。

返回火车站的途中,您将会经过位于一块高地上的帕斯捷尔纳克墓地和始建于17世纪的基督变体教堂(Khram Spasa Preobrazheniya Gospodnya),这里是大牧首的夏季居所。🏠 Ulitsa Pavlenko 3 🕐 周二、周三10:00—16:00,周四、周五10:00—17:00,周六、周日10:00—18:00 ¥ 250卢布,开放时间结束前30分钟停止售票,每月最后一个周二闭馆 @ pasternakmuseum.ru

莫斯科天文馆(Moscow Planetarium)● (折页 D9)

1923年建成的莫斯科天文馆共分4层,除了巨大穹顶下的大球厅,馆内还有3D电影院、咖啡厅等娱乐休闲场所。门票价格在150~750卢布。🏠 Ulitsa Sadovaya-Kudrinskaya 5/1 🕐 周三至次周周一10:00—21:00 📞 49 52 21 76 90 @ www.planetarium-moscow.ru 🚇 地铁5、7号线,路障站、红普列斯妮娅站

胜利公园(Victory Park)

从克里姆林宫出发,一路向西,有一座为了庆祝俄军战胜拿破仑军队而建造的凯旋门(Triumphal Arch of Moscow),其后便是胜利公园。公园内的喷泉每到夜晚就会被灯光映得鲜红。喷泉旁的一条林荫道直通胜利

城市生活与运动健康

莫斯科不会让慢跑爱好者失望。其中一个挥汗如雨的好去处是市中心的🌲麻雀山(折页A18)。跑道的起点位于麻雀山地铁站。这座全球地理位置最高的地铁站位于莫斯科河河畔,并且拥有绝佳的全景视野。从这里出发,可以沿着两个方向慢跑穿越河畔树林。更值得推荐的是顺着河流向下,朝着高尔基公园的方向,沿途经过安德烈耶夫斯基修道院(Andreyevskiy Monastery)。大约3千米后便可以到达高尔基公园的主入口,不远处是文化公园地铁站。也可以沿着河岸继续向前,途经几个地下通道,最后到达克里姆林宫。反过来这条路线也行得通。在冬天,麻雀山非常适合滑雪和坐雪橇。高尔基公园的溜冰鞋租赁费也不贵。

女神纪念碑（Victory Monument）。碑身高142米，呈三棱形，像一把高举的长剑，其上是古希腊胜利女神尼姬像（Nike）。人们喜爱在这个公园里散步，拍婚纱照或者滑旱冰。2004年这里甚至还成立了一所旱冰学校。这所学校（🕐 5—9月，18:00之后 @ www.rollerschool.ru）的逾40位专业老师在胜利公园内为初学者和高级玩家免费授课。

　　二战烈士纪念碑位于一座小山丘上。这里有一个展示兵器和作战全景图的常设展。马路对面是一个圆形的博物馆（Muzey-Panorama Borodinskaya Bitva 🏠 Kutuzovsky Prospekt 38 🕐 周六至次周周三10:00—18:00，周四10:00—21:00，每月最后一个周四闭馆 ¥ 200卢布），藏有一幅俄罗斯画家弗朗兹·鲁勃（Franz Rubo）于1812年创作的博罗季诺战役全景画。在这场举世闻名的战役中，拿破仑虽然打开了通向莫斯科的大门，却付出了惨重的代价，并极大地影响了战争成败的走向。🚇 地铁3号线，胜利公园站

托尔斯泰故居（Museum Estate of Lev Tolstoy）●（折页D14）

　　即使最伟大的作家也需要时间和清净。俄罗斯文学史上的传奇人物列夫·托尔斯泰在逝世前不久，住在一片宁静花园中的木房子里。这座建于1800年的木楼是城中最古老的木建筑之一。他在这里生活了整整19年。屋内的摆设被完整地保留下来。故居内的导游非常不错。🏠 Ulitsa Lva Tolstogo 21 🕐 周二、周四12:00—20:00，周三、周五至周日10:00—17:30，每月的最后一个周五闭馆 @ tolstoymuseum.ru 🚇 地铁5号线，文化公园站

从胜利女神纪念碑到二战烈士纪念碑，公园布景体现着战争与和平的主题

美 食

越贵越美味的时代已一去不复返。曾几何时,俄罗斯的美食都来自国外。然而粮食禁运和1998年的俄罗斯金融危机却带来了本土美食的回归。俄罗斯传统佳肴以意外的方式回到了莫斯科人的餐桌上。除了日臻成熟的美食文化,这座城市正逐步成长为"啤酒花王国"。

放弃了意大利干酪、西班牙火腿和希腊橄榄,莫斯科厨师改用本土出产的红菜、荞麦、白菜、蘑菇和萝卜调制美味。当地人在食物资源相对匮乏的条件下化拙成巧,不断尝试用本土原材料、新发掘的野菜和冷门的水果来充实俄罗斯的美食文化。本土、传统、实惠,是现在莫斯科饮食的标签。牧首塘一带发展起了一个美食中心。与此同时,许许多多的餐厅令素食主义者也心满意足。在每年春天的东正教复活节前夕,许多非素食餐厅也提供素食菜单。

不过,忠于本土美食的大环境下也有例外。莫斯科的异域美食涉猎广泛,从格鲁吉亚到乌兹别克斯坦,从高加索地区到吉尔吉斯斯坦的天山山脉。如果想吃乌兹别克斯坦的手抓饭(plow或pilaw,一种盖浇饭)、格鲁吉亚的起司面包(Khachapuri)或者维吾尔族的拉条子(Lagman),不需要特地去塔什干、第比利斯或者比什

上图:俄罗斯冻汤——一种凉的蔬菜汤,内含香肠、莳萝和格瓦斯

粮食禁运推动首都美食回归本土：莫斯科人重新爱上了美味的俄罗斯菜。

凯克旅行。还有，您听说过达吉斯坦的饺子（Tschudu）或者亚美尼亚的比萨（Lamadscho）吗？高加索菜系的餐厅每逢节假日就会举行盛大的派对，届时人们会在户外就餐，此时的乐趣已不只关乎美食。

有句老话说，传统俄罗斯菜完全能用三个字概括——"面裹肉"。因为这确实是俄罗斯饺子（Pelmeni）、布利尼（Bliny）、皮罗什基（Pirogi）和俄罗斯特色烤包子（Samsa）等传统美食的特点。不过，这种概括其实很片面：一顿标准的俄罗斯宴席通常包含了种类丰富的前菜、鱼类和其他肉类制作的冷盘、小煎饼配鱼子酱、蘑菇和腌菜，之后会端上汤，配以不同种类的面包，或者还加上皮罗什基。要是吃完主菜把点心也吃了，可以最后舀一勺果酱配茶，这顿俄罗斯大餐就完美了。

不是摩卡，也不是意式浓缩咖啡——大多数咖啡馆服务员都知道游

莫斯科

在"钟点咖啡馆",消费价钱是按时间计算的

客所点的咖啡是什么。其他地方可能常推荐美式咖啡,然而莫斯科很早就有他们自己的特色咖啡:加了香草奶油和搅奶油的甜咖啡"Raf"。在牧首塘的新潮咖啡馆,比如Nude Coffee和Wine Bar,时尚小资们也常喝慢咖啡和抹茶拿铁。改革的风潮也吹到了啤酒酿造业。因为比起持有许可证用伪巴伐利亚小麦酿酒,莫斯科现在更加倚重的是啤酒文化。今天的莫斯科人喝精酿啤酒像喝水一样。每个坚持自我的酿酒作坊都有自己的创新品种。当然,伏特加依然是俄罗斯人的传统嗜好,通常以100毫升——也就是0.1升的标准份额零售。对于肝功能较差的人或者想戒酒的人,有几款源自古斯拉夫民族的解渴饮料:蜂蜜酒、几乎零酒精的格瓦斯(Kvas,采用面包发酵)、浆果饮料Mors和来自高加索地区的加盐矿泉水。

咖啡厅

Breakfast Café(折页 E9)

最蓝的蓝莓、最红润的熏鲑鱼——这里的早午餐也是一种视觉的享受。一份薄煎饼搭配覆盆子和白巧克力足够半天的能量消耗了。服务亲切友好,不过座位不多,所以周末需预约。🏠 Malaya Nikitskaya Ulitsa 2/1 🕐 每日8:00—23:00 📞 91 66 40 86 36 @ www.friendsforever.ru/en 🚇 地铁4号线,阿尔巴特站

Café Margarita(折页 E8)

布尔加科夫的长篇小说《大师和玛格丽特》的故事从牧首塘开始,所以这家咖啡厅对他的粉丝们颇具吸引力。菜式简单但美味,推荐:蘑菇和土耳其摩卡。晚上有钢琴演奏。🏠 Ulitsa Malaya Bronnaya 28 🕐 每日13:00—24:00 📞 49 56 99 65

美食

34 @ www.cafe-margarita.ru 🚇 地铁2号线，马雅可夫斯基站

Coffee Più（折页 J9）

咖啡厅布置得像面包房，人们在轻松舒适的环境氛围里享受早餐和午餐。Più 的特色是新鲜烘焙和糕点。在开放式的烘焙区域，顾客可以将烘焙师的操作过程看得一清二楚。🏠 Chistoprudniy Bulvar 9 🕐 周一至周五8:00—23:00，周六、周日10:00—23:00 🚇 地铁1号线，清塘站

当地锦囊▶ Cook' kareku（折页 D9）

这家咖啡厅24小时不间断地提供来自不同时区国家的早餐。如果用餐时正好是原产国的早餐时间，还能享受折扣价。🏠 Sadovaya-Kudrinskaya Ulitsa 9/4 @ www.cookkareku.ru 🚇 地铁7号线，路障站

Double B（折页 J9）

俄罗斯的星巴克：喜欢创新的Double B的饮品单上有12种咖啡可供选择。除了经典咖啡，还有香草、柑橘和薰衣草奶油甜咖啡。这里的咖啡师多次在俄罗斯咖啡制作大赛中获奖。在咖啡烘焙技术上他们甚至拿到了全球亚军。目前Double B已经开了75家分店。🏠 Milyutinskiy Pereulok 3 🕐 周一至周五8:00—23:00，周六、周日11:00—23:00 @ www.double-b.ru 🚇 地铁1号线，卢比扬卡站

当地锦囊▶ Fruits And Veges（折页 L9）

在天台还是在室内？在Artplay设计中心的素食咖啡厅，很难回答哪里更舒服。一边欣赏着舒缓的音乐，一边享用着芝麻菜牛油果沙拉、鹰嘴豆泥、甜咖Raf和美味可口的沙拉三明治。餐饮价格很实惠，附近电影学院的大学生常常光顾。进了大门之后向下走。🏠 Nizhnyaya Syromyatnicheskaya 10/12 🕐 每日10:00—22:00 🚇 地铁5号线，库尔斯克站（Kurskaya）

美味之选

★白兔餐厅
总厨弗拉穆钦烹制的俄罗斯菜与众不同。享受美食的同时，还可以从16层楼的高处欣赏窗外的迷人风景。→P.76

★普希金咖啡馆
如果想选一家餐厅代表莫斯科，那就是这里。在这家豪华的贵族餐厅，可以品尝到顶尖的俄罗斯佳肴。→P.75

★敖德萨妈妈餐厅
让乌克兰妈妈满足您对美食的一切期待：犹太厨师能让素食主义者也心满意足。→P.77

★Lepim I Warim
创新俄罗斯饺子：菠菜面饺子裹着格鲁吉亚特产的苏尔古尼奶酪馅。这个获得专利的新奇饺子出人意料地好吃。→P.79

★Lavka-Lavka
最本土的餐厅：菜单上直接标示了食材来自哪个农庄。→P.72

★丹尼洛夫市场
琳琅满目的集市上有来自东方的特色小吃。五花八门的小吃摊让人目不暇接，不知从哪里开始。→P.72

莫斯科

当地推荐 **Nude Coffee和Wine Bar**（折页E8）

可以欣赏优美风景的Nude咖啡厅和酒吧位于牧首塘边，坐落在一栋20世纪30年代的建筑里。早午餐十分出色，晚上的鸡尾酒也是可圈可点。独具创新的咖啡单上除了甜咖啡Raf，还有慢咖啡和抹茶拿铁。这是颇

美食美店

实惠餐厅

想要寻找价廉物美的餐厅，推荐时尚的赫莫夫尼基区（Hamovniki District）的 **当地推荐** **True Cost Bar & Grill**（折页D14）（🏠 Ulitsa Lva Tolstovo 23/3 🕐 周日至次周周四12:00—24:00，周五、周六12:00—6:00，只对21岁以上人群开放 ¥ ¥¥ 📞 49 97 50 00 50，更多分店信息请参照网站 @ www.truecost.ru 🚇 地铁1、5号线，文化公园站）。尽管这家位于阴凉地下室的美食餐厅需要收进门费（¥ 白天150卢布，晚上500~700卢布），也还是值得的。这里的欧洲和俄罗斯菜肴价钱低于莫斯科平均值80%，然而美味值一点不减！

远离快餐

🌱 **当地推荐** **Voronezh**（折页F12）（🏠 Ulitsa Prechistenka 4 🕐 每日8:00—24:00 ¥ ¥ 📞 49 56 95 06 41 @ www.voronej.com 🚇 地铁1号线，克鲁泡特金站）提供的汉堡并不是快餐店里的速成食品。餐厅的肉材来自扎列奇内的农庄，它由餐厅和沃罗涅日地区的农夫共同经营。菜单上有多达30种牛排可供选择。鱼类佳肴也是多种多样，比如摩尔曼斯克鳕鱼。除此之外，汤品和沙拉里放的都是时令蔬菜。

红星下的街边小吃

水泥和玻璃拼接而成的★丹尼洛夫市场（折页G18）（Danilovsky Rynok 🏠 Ulitsa Mytnaya 74 🕐 每日8:00—21:00 ¥ ¥ @ www.danrinok.ru 🚇 地铁9号线，图拉站）像一个炫目的巨型飞碟。各色美食汇集成这里的街边小吃大荟萃。除了达吉斯坦的饺子、乌兹别克斯坦的手抓饭和亚美尼亚的皮罗什基，还能发现以色列的鹰嘴豆泥和越南的河粉。每到下班时间，这里就排起长龙。

农家乐

从农庄到餐桌：在 🌱★LAVKA-LAVKA（折页G8）（🏠 Petrovka 21/2 🕐 周一18:00—12:00，周二至周四、周日12:00—24:00，周五、周六12:00至次日1:00 ¥ ¥¥¥ 📞 49 56 21 20 36 @ www.restoran.lavkalavka.com 🚇 地铁7、9号线，普希金站、契诃夫站）可以品尝到俄罗斯农家菜。食材来自从摩尔曼斯克到雅库特的小农庄。菜单上详细介绍了每道菜使用的所有食材，以让人了解它们各自的产地。每日会更换菜单。这里的俄罗斯经典菜式一应俱全——从罗宋汤（Borshch）、布利尼到鱼子酱和蘑菇荞麦粥。莫斯科本地农户自酿的格瓦斯与平常所喝的略有不同，风味绝佳。

美食

普希金咖啡馆的经久不衰得益于吉尔伯特·贝乔和他令人难忘的歌曲《娜塔莉》

受恋人们喜爱的约会地点。🏠 Ulitsa Spiridonowka 24/1 🕐 周一至周五9:00—23:00，周六、周日10:00—23:00 @ nudecafe.ru 🚇 地铁2、7号线，马雅可夫斯基站、普希金站

Ziferblat ●（折页 F8）

在这家"钟点咖啡馆"里，真正可谓时间就是金钱——这里的顾客按逗留时长买单——每分钟两卢布，每个小时大约是人民币12元。因此，许多莫斯科的咖啡馆不提供卡布奇诺。在这家新潮的钟点咖啡馆门口，每位顾客都会领到一个象征着店名的复古时钟：服务员会提醒到店的时间，接下来就可以自主用餐了。在这个布置得像家的温馨咖啡馆，不仅有茶和咖啡，还有供应充足的饼干。允许外带食品。🏠 Tverskaya Ulitsa 12/1，在2楼，须按门铃 🕐 每日11:00—24:00 @ ziferblat.net 🚇 地铁7号线，普希金站（更多分店信息请参照网站）

Zurzum Café

位于充满魅力的文化中心温萨沃德，就在库尔斯克火车站（Kursky Train Station）后面。这个餐厅在每个时段都会提供相应的美味佳肴。喜欢轻松活泼氛围的人不会感到失望。巨大的鸡尾酒单令人印象深刻。🏠 4. Syromyatnicheskiy Pereulok 1/6 🕐 每日10:00—23:00 🚇 地铁5号线，库尔斯克站

莫斯科

特色美食

布利尼（Bliny）——一种小煎饼，搭配三文鱼，红鱼子酱或者黑鱼子酱口味最佳。要么干脆蘸上酸奶油（Smetana）。

罗宋汤（Borschtsch）——用红菜、土豆、白菜和牛肉制作的浓汤。配上一勺酸奶油风味更独特（右图）。

起司面包（Chatschapuri）——改良版的比萨：发酵之后的面包上加入厚厚的起司，再稍加烘烤。

俄罗斯饺子（Pelmeni）——和意式水饺一样源自东方。面皮裹上肉馅后加水煮熟。同样可以配上酸奶油。

皮罗什基（Pirogi）——油炸或烘烤的面团（左图），内裹蔬菜、鱼或者肉馅。配汤更美味。

Raf——潮流人士的特色咖啡：甜咖啡加香草奶油和搅奶油。

凉菜拼盘（Zakusky）——俄罗斯经典前菜，因为十分丰盛，所以许多人只吃完这一道菜就败下阵来：烟熏鲟鱼、盐渍三文鱼、鱼子酱小点心、鲱鱼配洋葱、牛舌配山葵、烤肉、腌蘑菇、腌大蒜或腌野韭菜。它是搭配啤酒的理想小吃。

杂拌汤（Solyanka）——酸辣浓汤，里面加了鱼或者肉、蘑菇、蔬菜、腌黄瓜、刺山柑、香草和酸奶油。

乌哈汤（Uha）——用3种甚至更多种类的鱼，和少量土豆烹煮而成的美味稀汤。多尔戈鲁基大公曾用它招待过宾客。

乌克兰饺子（Vareniki）——源自乌克兰的甜馅饺子，常作为餐后点心：内裹樱桃、软奶酪或者南瓜。可以搭配酸奶油食用。

小鱼干（Vobla）——俄罗斯的日常零食。不是每个人都爱吃，但保证是地道的斯拉夫传统特色：这种风干后的整条小鲤鱼非常有嚼头，是佐酒良菜。切记不要搭配酸奶油！

美食

餐厅¥¥¥

Beloye Solntse Pustyni（折页 G8）

经典电影《沙漠白日》（*White Sun of the Desert*）的同名餐厅，内部布置得和电影里的场景一样。这里供应丰富多样的中东菜肴。用餐结束后还可以抽一管水烟，有20种水果口味可供选择。🏠 Ulitsa Neglinnaya 29 ⏰ 每日12:00起 📞 49 56 25 25 96 @ www.bsp-rest.ru 🚇 地铁2、9、10号线，剧院站、七彩林荫路站（Tsvetnoy Bulvar）、引水管广场站

普希金咖啡馆（Café Pushkin）★（折页 F8）

高大宽敞，拥有华美的石膏雕花天花板，服务员们端着精致的俄罗斯菜肴和法国葡萄酒在书架之间往来穿梭。咖啡馆还供应 当地精选 商业午餐（⏰ 12:00—16:00），两道菜是620卢布，三道菜是930卢布。🏠 Tverskoy Bulvar 26a ⏰ 24小时 📞 49 57 39 00 33 @ www.cafe-pushkin.ru 🚇 地铁2、7号线，特维尔站、普希金站

Expedicia（折页 K11）

纯粹的西伯利亚风情：这家餐厅提供北方高山地区和西伯利亚的特色菜肴。菜单上有麋鹿排骨、驯鹿肝和马排。餐厅还经营了一家小商店，出售西伯利亚风味的外带熟食。🏠 Pevchesky Pereulok 6 ⏰ 每日12:00起，19:00起有现场音乐表演 📞 49 57 75 60 75 @ expedicia.ru 🚇 地铁6、7号线，中国城站

图兰朵（Turandot）

当地名流耗时6年精心打造的高档奢华餐厅，被评为米其林三星级。外观是平凡无奇的老建筑，但推开木门的一刻仿佛穿越至中世纪的欧洲宫廷。精巧的廊柱和雕塑围绕着文艺复兴式挑高的中庭，餐厅内则是富丽堂皇的巴洛克式装潢，华丽的水晶大吊灯、精致的天花板壁画、金碧辉煌的镀金雕刻等令人目不暇接。推荐招牌菜烤智利海鲈、蜂蜜蛋糕。注意前往用餐时需着正装或礼服，奢华的环境搭配美味佳肴，必定会是一生难忘的用餐体验。🏠 Tverskoy Boulevard 26 ⏰ 周五至周日12:00至次日01:00 📞 0 49 51 26 32 89 @ www.turandot-palace.ru

Saxon + Parole（折页 E8–9）

原木装潢风格营造出舒适的就餐环境，烤肉和鱼是这里的主打菜。如果想吸引邻桌眼球，那就点一个"海鲜塔"。这里的干酪汉堡也不错，绝不是批量生产的快餐。用餐结束后还可以绕着附近的牧首塘散步。🏠 Spiridonevsky Pereulok 12/9 ⏰ 周一至周五12:00—24:00，周六、周日11:00—24:00 📞 90 37 55 03 43 @ saxonandparole.ru 🚇 地铁2、7号线，特维尔站、普希金站

Shinok（折页 A9）

这家餐厅提供乌克兰特色菜，比如罗宋汤、乌克兰饺子和色泽红润的熏肉。用餐时可以看到玻璃隔板内的锦鸡和孔雀好奇地向着顾客张望。每天下午提供儿童的看护服务。🏠 Ulitsa 1905 Goda 2b ⏰ 每日12:00—24:00 📞 49 54 80 86 73 @ www.shinok.ru 🚇 地铁7号线，1905年大街站（Ulitsa 1905 goda）

莫斯科

天空酒廊餐厅（Sky Lounge）（折页 C18）

莫斯科当之无愧的潮流先锋：天空酒廊餐厅位于负面新闻不断的俄罗斯科学院顶楼。在22层楼的高处可以俯瞰这座城市的美丽景色。餐厅的4个方位都有露天平台。融会贯通的欧洲菜和充满创意的亚洲菜令人回味无穷。 Leninsky Prospekt 32a 每日13:00起 49 57 81 57 75 @ www.skylounge.ru 地铁6号线，列宁大道站（Leninsky Prospekt）

Twins Garden（折页 F8）

俄罗斯佳肴来自俄罗斯食材：博雷佐特斯基（Berezutsky）双胞胎兄弟把对家乡的感情做进了菜肴里。牛奶、蔬菜和香草均来自这对高级厨师位于卡卢加（Kaluga）地区的农场。 Strastnoy Bulvar 8a 每日12:00—24:00 49 91 12 33 11 @ www.twinsgarden.ru 地铁9号线，契诃夫站

Uilliam's（折页 E9）

每到温暖的夏季就会把大门敞开。这时候时尚潮人们就会在门口阶梯上或者人行道上享用国际大餐。特别推荐这里的大虾意大利面。每位顾客都可以通过开放式厨房观赏自己所点菜肴的制作过程。 Malaya Bronnaya 20a 每日10:30起 92 52 06 90 46 @ www.uilliams.ru 地铁2、7号线，马雅可夫斯基站、普希金站

Village Kitchen（折页 E9）

这家餐厅位于牧首塘附近，亲切的服务和有机食物是它的招牌。坐在香气四溢的汤锅和朴素的白色家具之间，每道俄罗斯菜尝起来都令人啧啧称赞。推荐松露土豆馅的意式水饺。 Malaya Bronnaya 每日11:00—24:00 49 56 95 95 25 @ villagekitchen.ru 地铁2、7号线，马雅可夫斯基站、普希金站

白兔餐厅（White Rabbit）★（折页 D11）

在这家莫斯科的时尚餐厅，美女和富豪云集。总厨弗拉基米尔·穆欣（Vladimir Muhin）的"血红罗宋汤"堪称一绝。他以精湛的厨艺使这家餐厅跻身于全球最佳餐厅的行列。16层楼上的窗外风景如此迷人，以至于让人忽略了这里鸡尾酒的高昂价格。 Smolenskaya Ploschad 3 周日12:00至夜间最后一位客人离店，周四至周六12:00至次日2:00 49 57 82 62 62 @ www.whiterabbitmoscow.ru 地铁4号线，斯摩棱斯克站

Tsentralny Dom Literatorov（折页 D9）

深色的木墙板、五彩缤纷的玻璃花窗、藏青色的墙壁和复古的吊灯：这里是作家们的用餐地。主菜价格从900卢布到3 000卢布，商业套餐明显便宜得多。 Povarskaya Ulitsa 50/53 周五、周六12:00至次日2:00，其余日期12:00—24:00 49 56 63 30 03 @ restcdl.ru 地铁5、7号线，红普列斯妮娅站、路障站

美食

餐厅¥¥

Chestnaya Kuchnya（折页L8）

一家"成功人士热爱的餐厅"——谢尔盖·耶罗琴科（Sergey Eroshenko）如此评价他的获奖餐厅。为了做出"诚信美食"，老板亲自掌勺，这在如今的莫斯科已经很少见了。因此这家餐厅也以一种特别的方式展现了俄罗斯人的热情好客。餐厅供应的都是美味的家乡菜。🏠 Ulitsa Sadovaya-Chernogryazskaya 10 🕐 每日12:00—24:00 📞 49 56 07 50 90 @ www.chestnayakuhnya.ru 🚇 地铁1号线，红门站（Krasnye Vorota）

Jagannath（折页H9）

当素食主义遇上东方的神秘——Jagannath是这种餐厅的首创者。素食主义和亚洲食材在这里完美融合在一起。此外，在餐厅的饮品吧还可以点一杯源自中世纪配方的民族特色饮料或果汁。对于想节省经费的人，餐厅提供了经济实惠的商务套餐，价格是200卢布起。🏠 Ulitsa Kuznetsky Most 11 🕐 每日10:00—23:00 📞 49 56 28 35 80 @ www.jagannath.ru 🚇 地铁7号线，库兹涅茨克桥站

敖德萨妈妈餐厅★（Odessa Mama）（折页J9）

餐厅取名"敖德萨妈妈"是为了向乌克兰的港口城市敖德萨致意，那里的市民都亲切地称呼它为"妈妈"。犹太菜肴对19世纪敖德萨饮食文化的影响在菜单上也可见一斑。菜单上可供素食主义者选择的菜式非常多。餐厅的菜色有茄子卷、酿馅鱼、鹰嘴豆泥、各式沙拉、鸡心和酸奶黄瓜冷汤。🏠 Krivokolennyy Pereulok 10/5 🕐 周日至次周周四11:00—23:00，周五、周六12:00至次日2:00 📞 96 46 47 11 10 @ www.cafeodessa.ru 🚇 地铁6、7号线，中国城站（更多分店信息请参照网站）

Petrovich（折页J9）

它本来只是漫画家彼得罗维奇（Petrovich）朋友的俱乐部，但是却迅速成长为一个餐厅。四处可见这位化名为安德烈·比尔肖（Andrey Bilsho）的艺术大师的作品。餐厅的菜式为欧洲菜和俄罗斯菜，价格中等，只是服务体现了俄罗斯人的慢性子。🏠 Ulitsa Myasnitskaya 24/3 🕐 每日14:00至次日5:00 📞 49 56 23 00 82 @ www.club-petrovich.ru 🚇 地铁1号线，清塘站

Pinzeria（折页F12）

方形代替圆形，"方形比萨（Pinza）"是意大利主厨瓦伦蒂诺·邦滕皮（Valentino Bontempi）的拿手菜。厚厚地铺了一层西瓜，鲑鱼和芝麻的比萨飘香扑鼻，鱿鱼配朝鲜蓟和山羊乳酪，熏肉配松露都是店里的特色菜。它们的口味正宗，即使在粮食禁运时期，也不失地道的意大利风味。餐后甜点想来些新鲜玩意儿？可以点当场制作的杧果胡萝卜冰淇淋（两份起点）。冰淇淋看起来烟雾缭绕是因为加了液氮。🏠 Bolshoy Znamenskiy Pereulok 2/3 🕐 每日12:00—23:00 📞 49 96 78 30 09 @ www.pinzeria.ru 🚇 地铁1号线，克鲁泡特金站

莫斯科

多彩缤纷,因为它原是漫画家彼得罗维奇的俱乐部

Stary Fayeton(折页 D9)

莫斯科最大的亚美尼亚餐厅。在夏天,坐在绿意盎然的庭院里的大树底下,一边享受高加索特色菜肴和葡萄酒,一边欣赏斯大林式摩天大楼。🏠 Ulitsa Bolshaya Nikitskaya 55 🕐 每日10:00至次日1:00 📞 49 56 91 62 52 @ restoran-staryifaeton.ru 🚇 地铁7号线,路障站

Uryuk

这家乌兹别克风味连锁餐厅的内部装潢五彩缤纷,体现了传统的民族风格。如果不想尝试羊肉手抓饭,可以选择烤鱼和香味浓郁的乌克兰饺子,通常是肉馅。🏠 Ulitsa Myasnitskaya 47 🕐 周一至周三8:00—24:00 📞 49 99 51 82 20 @ uryuk.me 🚇 地铁3、4、5号线,基辅站(Kievskaya)(更多分店信息请参照网站)

餐厅¥

Bufet No. 17(折页 E-F10)

浅蓝4号线地铁的阿尔巴特站的站台边有一个不起眼的小门,如果匆忙赶时间就会错过。门后便是餐厅Bufet No. 17。这个苏联食堂内有4张桌子和一个盥洗台,提供的都是盛在塑料餐具里的家常便饭,价钱十分便宜。除了汤,这里还有简单的白面包三明治和用微波炉加热的荞麦粥。地铁司机享受优先服务。另一家苏联食堂位于地铁2号线的沃伊科夫站出口。🕐 每日9:00—18:00 🚇 地铁3号线,阿尔巴特站

Khachapuri(折页 F8)

Khachapuri是格鲁吉亚的特色馅饼,类似于芝士面包,这家连锁小餐厅的生意兴隆很大程度归功于此。人们可以在这里品尝到格鲁吉亚的本土

美食

菜肴：烤羊肉串、辣味饺子（蘑菇肉馅或土豆和奶酪馅），当然还有美味的Khachapuri，都能让食客们享受到难忘的异域美食体验。🏠 Bolshoy Gnezdnikovskiy 10 🕐 周日至次周周四10:00—23:00，周五、周六11:00—次日1:00 📞 98 57 64 31 18 @ hacha.ru/en 🚇 地铁2、7号线，特维尔站、普希金站（更多分店信息请参照网站）

Eat & Talk（折页 F11）

在克里姆林宫附近，像一个地下迷宫。有些人整天泡在这里，上网打发时间，间或点个比萨或寿司，或者看看展销会上的时下流行商品。🏠 Ulitsa Mokhovaya 7 🕐 每日24小时 📞 49 59 61 21 93 @ www.eattalk.ru 🚇 地铁3、4、9号线，阿尔巴特站、亚历山大公园站（Aleksandrovsky Sad）、列宁图书馆站

Enthusiast（折页 G8–9）

穿过一个很大的庭院，经过路边一排奢华的时装店就来到了这家小酒馆。酒馆内装点着各式各样的摩托车和自行车配件，并自带一个啤酒花园。这里氛围轻松随意，虽然三明治的种类寥寥无几，但是可供选择的啤酒和苹果酒种类非常多。🏠 Stoleshnikov Pereulok 7/5 🕐 周一至周五10:00—24:00，周六、周日12:00—24:00 @ facebook.com/enthusiastmoscow 🚇 地铁2、7号线，特维尔站、普希金站

Lepim I Warim ★ 🌱（折页 H9）

新鲜的肉馅和天然的配菜才能做出世界上最棒的俄罗斯饺子。餐厅的口号是"我们边捏边煮"。除了黑色、黄色、白色和橙色等20种不同口味的饺子，餐厅还提供美味的汤品。🏠 Stoleshnikov Pereulok 9/1 🕐 每

俄罗斯传统佳肴少不了荞麦粥——请您务必尝尝

莫斯科

日10:00—23:00 98 56 88 96 06 @ www.lepimivarim.ru 地铁2、7号线，特维尔站、普希金站

Lyudi Kak Lyudi（折页J10）

店名意为"人有人样"，这里不仅餐食可口，更重要的是价格也十分公道：一份含汤、沙拉和三明治的午餐价格为240卢布。这里还为鸡尾酒搭配了一些小菜。 Solyansky Tupik 1/4 周日至次周周三9:00—23:00，周四至周六9:00至次日6:00 49 56 21 12 01 @ www.ludikakludi.com 地铁6、7号线，中国城站

Mari Vanna（折页E9）

宛如置身于老式黑白电影之中：整间餐厅看起来就像20世纪60年代的苏联舒适公寓——书香环绕，还有一只笼中的金丝雀。菜单上有俄罗斯饺子和皮罗什基。 Spiridonevsky Pereulok 10a 每日9:00—23:00 49 56 50 65 00 @ www.marivanna.ru 地铁2号线，特维尔站

Ris I Ryba（折页G12）

这家日本料理店位于臭名昭著的"莫斯科河边的房子"附近。店内的55种菜肴均经由传送带循环送至顾客面前。一边挑选中意的菜品，一边享受克里姆林宫的瑰丽景色吧。 Ulitsa Serafimovicha 2 每日24小时 49 59 59 49 49 @ www.risiriba.ru 地铁9号线，博罗维茨基站

Stolle（折页E8）

路边的俄罗斯大妈可烤不了这么多皮罗什基，很多人专门来大量团购，从甜馅到混合馅应有尽有。这家餐厅有点像维也纳的咖啡馆，除了店里的特色，还供应罗宋汤和俄罗斯饺子。 Ulitsa Bolshaya Sadovaya 3 每日8:00—22:00 @ msk.stolle.ru 地铁2号线，马雅可夫斯基站。更多分店信息请参考网站。

当地精髓 ▶ Stolovaya No.57（折页G-H10）

俄罗斯最高雅的"大食堂"位于古姆国立百货商店（P.42）的玻璃穹顶下。店内的装修采用最新潮的苏联复古风格。它是附近最价廉物美的餐厅。虽然人们会喝伏特加，但餐厅内并不会酒气盈天。每到中午时刻，店前就排起长龙。 Krasnaya Ploschad 3 每日10:00—22:00 地铁1、2、3号线，猎人商行站、剧院站、革命广场站

Taras Bulba（折页H12）

这个连锁品牌的每家餐厅都布置得像个舒适的乌克兰乡村饭馆。服务员们都穿着传统服饰招待来客。喜欢粗犷风格的人们不仅可以选择各式各样的饺子和熏肉，还能品尝到其他令人食指大动的农家菜。 Ulitsa Pyatnitskaya 14 每日9:00至次日2:00 49 59 53 71 53 @ www.tarasbulba.ru 地铁2号线，新库兹涅茨克站（Novokuznetskaya）。更多分店信息请参考网站。

当地精髓 ▶ Chaihana（折页H6）

在中央清真寺附近的十字路口有一家"无名茶馆"（店名意译），这里有最好的Sadsch——一种加了鸡肉、牛肉或山羊肉的蔬菜拼盘。除此之外，还有许多实惠的高加索

美食

菜可供选择。斋月期间，如果不预订，晚餐时段是无法在田园风的木桌间找到位子的。菜单上主要是阿塞拜疆美食。要是点了红茶，会免费赠送蜜饯。如果壶里空了，可以免费续一次热水。🏠 Ulitsa Shchepkina 27 🕐 每日12:00—24:00 📞 49 56 81 48 97 🚇 地铁5号线，和平大道站（Prospekt Mira）

Chiburekki（折页J9）

莫斯科人以前有个传统，就是下班后吃两个蒙古炸饺（chiburekki）、喝两杯伏特加，犒劳一下自己。这家店的蒙古炸饺大概是全城做得最好的：半圆形的面团里裹上大蒜、奶酪、土豆、番茄和肉，然后油炸。还有素食主义者爱吃的素馅炸饺。全程自助！如果吃完了，就得离席，因为前来就餐的人络绎不绝。不喜欢伏特加的人，也可以喝啤酒。🏠 Ulitsa Maroseyka 11/1 🕐 每日10:00—23:00 📞 49 56 21 85 45 🚇 地铁6、7号线，中国城站

省钱有道

俄罗斯人气小店：在色彩明快的连锁快餐店Teremok，比如马涅什广场1号的猎人商行（折页E10）（🕐 每日9:00—22:00 🚇 地铁1号线，猎人商行站）分店，有纸盘子装着的煎饼和传统小吃荞麦粥。更多分店信息请参照 @ www.teremok.ru。他们在纽约也有分店！

凡有莫斯科人聚集的地方，就少不了连锁店Kroshka Kartoshka的经典小吃——烤土豆加香草凝乳。店里的座右铭是"100卢布就能饱餐一顿"。🏠 Ploschad Myasnitskiye Vorota 1（折页J9），🚇 地铁1、6号线，清塘站、屠格涅夫站。更多分店信息请查询 @ kartoshka.com。

在全市各处都能很方便地买到一份实惠的商业午餐：汤、主菜、沙拉和饮料——共200~300卢布。

购 物

从这里出发

古姆国立百货商店（折页 G-H10）：以红场上的古姆作为此行的起点，这家莫斯科最古老的百货商店是一座青春艺术风格的购物商场。接下来潜入马涅什广场地下的购物圣地猎人商行，汇入熙熙攘攘的人潮。然后沿着特维尔大街逛逛时装店。如果钱包鼓鼓，就转弯去斯托莱什尼科夫小巷（Pereulok Stoleshnikov）和彼得罗夫斯基购物长廊。也可以去温萨沃德、Artplay设计中心和斯特雷卡的年轻设计师工作室或者伊兹迈洛沃和斯瓦尔卡的跳蚤市场。

特维尔大街五光十色的名贵时装店，扬名国内外的古姆商场的各式商店，或者内城区的优雅购物长廊可不会放过人们的钱包。不过不用担心，城市的各个角落都能淘到便宜的商品，二手商店和旧物市场亦如雨后春笋般遍地开花。

当苏联尊贵的领导人们坐在锃光瓦亮的吉普车里巡视整座城市的时候，市井繁华皆转入了地下——热闹的集市几乎占据了市中心的每条地下人行通道。小摊整齐地沿着墙根排成行，摊贩们售卖的商品包罗万象——从发夹到香烟，再到名牌智能手机的"山寨"货和廉价的纪念品。

上图：古姆国立百货商店

莫斯科是奢侈品购物天堂。不过,即使预算不高,穿梭在各个商场、商店和集市之间的购物之旅依然是值得的。

　　除了市中心,超大型购物中心和巨型商场纷纷在重要的地铁站旁落户。在里面逛的时候千万当心别迷路——就算是购物狂也不免对它们的规模之巨感到绝望。在喧嚣的人群里,能做的只有记住自己的方向。

　　想要更舒适的购物体验,我们推荐古姆国立百货商店、彼得罗夫斯基通道、特维尔大街或者阿尔巴特步行街。阿尔巴特街的标准化纪念品种类最齐全,有俄罗斯套娃、茶具和印有苏联时代代表性图案的T恤衫。在莫斯科河河畔的伊兹梅洛沃和斯瓦尔卡,跳蚤市场里能淘到原创纪念小礼品和优质的二手商品。在这些地方购物应该——不,必须还价!讨价还价正是购物的一大乐趣。

莫斯科

叶利谢耶夫食品商场：即便不想采购食品，也该来欣赏这里的金碧辉煌

古玩和瓷器

在俄罗斯，只有持有文化部（🏠 Kitaigorodsky Proezd 7/2 🚇 地铁6、7号线，中国城站）颁发的许可证才能将古董运输出境。

Antikwar Na Myasnitskoi（折页 J9）

这家古玩店自19世纪就存在于此，主要售卖书籍、地图、画像、明信片和其他文字档案资料。🏠 Ulitsa Myasnitskaya 13/3 🕐 周一至周五11:00—19:00，周六11:00—18:00 @ www.antiqbook13.ru 🚇 地铁1号线，卢比扬卡、清塘站

Dom Farfora（折页 B12）

"瓷器之家"位于基辅火车站旁边，店里有来自东、西方手工作坊制作的精美餐具、装饰品和玻璃器皿。🏠 欧洲购物中心（Evropeyskiy）内 🕐 周一至周四、周日10:00—22:00，周五、周六10:00—23:00 🚇 地铁3、4、5号线，基辅站（更多分店信息请查询 @ www.domfarfora.ru）

Imperatorskiy Farfor（折页 B11）

圣彼得堡曾经的皇家陶瓷工坊在莫斯科经营的门店。这里不仅出售昂贵的瓷器餐具，还有礼品杯和小瓷雕。🏠 Kutuzovsky Prospekt 9 🕐 每日10:00—22:00 🚇 地铁3、4、5号线，基辅站

Kollektsiya Drevnostey（折页 E11）

在这家店可以找到圣像画、瓷器、雕塑和各式各样的装饰品。🏠 Ulitsa Arbat 36/2 🕐 周一至周六10:00—19:00，周日11:00—

购物

18:00 地铁3、4号线,阿尔巴特站

书籍

书之家(Dom Knigi)(折页E10)

外观透着浓浓苏联气息的书店内汇聚了俄文和外文书籍,此外还有CD和文具等商品。夜幕降临时,书店外墙上闪烁着七色彩虹光带。 Novyi Arbat 8 周一至周五9:00—23:00,周六、周日10:00—23:00 地铁4号线,阿尔巴特站

Falanster(折页F9)

书虫们的书山书海,常有名人出没。 Malyy Gnezdnikovsky Pereulok 12/27 每日11:00—20:00 www.falanster.su 地铁2号线,特维尔站

莫斯科书店(Moskva Bookstore)(折页F10)

距离克里姆林宫近在咫尺。除了海量的书籍和CD,人们还可以欣赏免费电影。当地精查 **店内定期会举办优惠促销活动**。 Ulitsa Vozdvizhenka 4/7 每日24小时 www.moscowbooks.ru 地铁3号线,列宁图书馆站(Biblioteka Imeni Lenina)

美食和葡萄酒

当地精查 Bolshevik(折页C5)

这个"布尔什维克"可不是革命党派,而是一家糖果工厂。他们制作的蛋糕色彩丰富,装点着美丽的涡卷形边饰。 Leningradsky Prospekt 15 周一至周五9:00—20:00,周六、周日10:00—20:00 www.torty.ru 地铁2号线,白俄罗斯站(Belorusskaya)

Dom Myoda(折页H13)

"蜂蜜之家"提供各种风味和颜色的蜂蜜。沿着20米长的柜台挑选商品,可以试吃货架上的散装蜂蜜。 Ulitsa Novokuznetskaya 5/10 周

值得一游

★**叶利谢耶夫食品商场**
像沙皇的御厨一样挑选食材:在高雅古典的氛围里,享受卓越出色的美食。→P.86

★**伊兹梅洛沃旧物市场**
这家顶级跳蚤市场受到许多人的追捧:这里的怀旧商品之丰富,足够卖到下个世纪。→P.90

★**沙尔泰-波泰**
离经叛道、五彩斑斓、时髦前卫是这家店商品的特点,此外还有充满创意的苏联风格饰品。→P.87

★**古姆国立百货商店**
莫斯科百货商店里的老前辈,顶着大玻璃帽子矗立在克里姆林宫旁边——没有比这里更高贵的购物圣地了。→P.87

★**里加市场**
除了高加索高山奶酪和种类繁多的香料,这个市场也是鲜花和蜂蜜的云集之所。此外,这一带曾是一个黑帮系列影视剧的取景地。→P.90

★**瓦伦丁·尤达什金**
欣赏一下后苏联时代时尚领军人物的优雅设计作品。→P.92

莫斯科

一至周六9:00—20:00，周日10:00—18:00 @ www.rumela.ru/house-of-honey 🚇 地铁6号线，特列季亚科夫站

省钱有道

在塞得满满当当的地下商店Frik Frak（折页F16）[🏠 Ulitsa Shabolovka 25/1 🕐 每日13:00—20:30 @ freakfrak.ru 🚇 地铁6号线，沙博罗夫卡站（Shabolovskaya）]，能找到五花八门的各式商品，从鸡尾酒礼服，到俄罗斯特色围巾，再到年代久远的别致饰品。

在快闪集市 当地锦囊 Lambada Market（@ lmbd.ru），年轻的设计师们自豪地展示他们的最新设计。集市地点经常变换，商品价格都很实惠，此外还有来自世界各地的街边小吃和一个电子音乐会。这里是淘便宜货和搭讪聊天的理想之地。集市举办日期请查询网址或关注他们的Facebook账号。

Mega-Hand商店 [🏠 Ulitsa Trofimova 32/1 🕐 周一至周五10:00—20:00，周六、周日10:00—19:00 @ mega-hand.ru 🚇 地铁10号线，科茹霍夫斯站（Kozhuhovskaya）] 的运营规则与众不同：每两周店里就有一轮新货上架，然后每天都会进行价格下调。在下一轮上新前一天，店里商品的价格低至一折。

Grand Cru（折页K13）

"琼浆玉液"一瓶挨一瓶，像书架上的书一样。店里散发着醇香的气息，令人迷醉。除了葡萄酒和烈酒，这里还有品酒的雅趣中少不了的精致玻璃杯。🏠 Goncharny Proyezd 8/40 🕐 每日10:00—23:00 @ www.grandcru.ru 🚇 地铁5、7号线，Taganskaja

叶利谢耶夫食品商场（Yeliseyev）★（折页F8）

叶利谢耶夫家族的祖上曾经是沙皇的宫廷承办商和秘书长，如今这里是俄罗斯最美的食品商店。富丽堂皇的室内装潢充满青春艺术风格，让人大饱眼福；不可计数的精美食品，食物纪念品和葡萄酒又让人大饱口福。🏠 Tverskaya Ulitsa 14 🕐 每日24小时 @ www.eliseevskiy.ru 🚇 地铁2、7、9号线，特维尔站、普希金站、契诃夫站

当地锦囊 红色十月（Rde October）（折页D10）

红色十月是莫斯科最古老的巧克力工厂。它经营的一家店位于德国大使馆对面，附近矗立着几座历史悠久的贵族宫殿。店里令人眼花缭乱的商品大概是整座城市的头号减肥杀手。🏠 Ulitsa Povarskaya 29/36 🕐 周一至周六9:00—21:00，周日10:00—18:00 @ www.konfetki.ru 🚇 地铁3、4、7号线，阿尔巴特站、路障站

礼品和纪念品

Flacon Designfabrik

这里是新生代设计师休息和工作的场所。曾经的水晶厂"Kalinin"

购物

内进驻了一排花花绿绿的小时装店。该片区域为设计、时尚、建筑和创意产业的其他方面提供了发展的空间。2010年被美国发现的俄罗斯前间谍 当地秘密 ▶ 安娜·查普曼（Anna Chapman）如今在这里售卖她收藏的衣服和手提包。除了若干家咖啡厅，厂区内还有一家电影院和一座游泳池。每年一度的精酿啤酒节也在此举办。🏠 Ulitsa Bolshaya Novodmitrovskaya 36/4 🕐 每日11:00—21:00 @ www.flacon.ru 🚇 地铁9号线，德米特里·顿斯科伊林荫路站（Dmitrovskaya）

沙尔泰-波泰（Shaltai-Boltai）★（折页 D9）

时尚帽衫、陶瓷艺术、当下最流行的俄罗斯围巾，林林总总的商品都陈列在这家店里。服务员亲切友好，会耐心地提供建议。有一个此店原创的小饰品值得一看——它可以从列宁头像突然变成一只美丽的蝴蝶胸针。🏠 Novinsky Blvd. 31 🕐 每日10:00—22:00 @ shaltai-boltai.ru 🚇 地铁5号线，红普列斯妮娅站

百货商店和购物长廊

古姆国立百货商店（GUM）★（折页 G–H10）

每个男人的噩梦——也是每个俄罗斯女人的美梦：莫斯科最古老的百货商店，每条购物长廊纵深均超过250米，并且有3层楼高。古姆国立百货商店最底部是怀旧的苏联风格地

永远的红色：列宁、红星、锤子和镰刀——苏联元素的纪念品从来不会少

莫斯科

板,最顶部是气势恢宏的玻璃穹顶。除了昂贵的国际知名品牌,在空气流畅的顶层还有无数平价咖啡馆和快餐店。🏠 Krasnaya Ploschad 3 🕐 每日10:00—22:00 @ www.gum.ru 🚌 地铁1、2、3号线,猎人商行站、剧院站、革命广场站

猎人商行(Okhotniy Ryad)● (折页 G10)

纯粹的"资本主义风"如今充溢在马涅什广场地下6.2万平方米、3层楼空间的每个角落。这里既能找到各种风格的名贵商店,也不乏价廉物美的店铺。此外,底层还有小酒馆和快餐厅,顶层的☀咖啡馆则可以欣赏窗外的迷人景色。🏠 Manezhnaya Ploschad 🕐 每日10:00—22:00 🚌 地铁1、2、3号线,猎人商行站、剧院站、革命广场站

彼得罗夫斯基购物长廊(Petrovsky Passage)(折页 G9)

位于莫斯科大剧院之后的彼得罗夫斯基购物长廊重振了沙皇时期的辉煌。作为莫斯科最名贵的购物场所之一,这里有广为人知的奢侈品牌进驻,比如Jean Paul Gaultier、Max Mara、Alberta Ferretti、Moschino、Bosco Scarpa、Barbara Bui、John Galliano和Marc Jacobs。🏠 Ulitsa Petrovka 10 🕐 每日10:00—22:00 🚌 地铁1、2号线,猎人商行站、剧院站

特列季亚科夫斯基巷(Tretyakovsky Proyezd)(折页 H9)

这条小巷不长,然而囊中羞涩的人在这里未免感到失落:古老典雅的商人住宅里只有高档时装店,并且一切都像搭配好的一样:这里有奢侈的晚礼服,就有相配的豪华跑车。结束购物之旅后筋疲力尽,最好到●特列季亚科夫温泉沙龙(🕐 每日11:00—22:00 📞 49 59 33 33 88 @ www.tretyakovspa.ru)放松一下。在安心而舒适的环境里享受美容美发、足部护理、减压按摩等服务。🏠 Tretyakovsky Proyezd 🚌 地铁1、2、7号线,卢比扬卡站、剧院站、库兹涅茨克桥站

斯维特诺伊(Tsvetnoy)(折页 H7)

斯维特诺伊不只在晚上闪耀着五彩光芒。这个外观低调的百货商店位于城市北部。华丽、昂贵又时髦的首饰和新奇美妙的各种创意礼品令这里即使在白天也如珍宝库般璀璨夺目。莫斯科著名的高档面包房Volkonskiy的其中一家分店位于商场7楼。在时尚餐厅 🔶当地推荐▶ Lao Li,只需要非常优惠的价钱,就能享受到全市最正宗的越南风味汤粉和炒面。楼下一层的食品超市内,精美的食品应有尽有,推荐可口的杏仁牛角面包。🏠 Tsvetnoy Bulvar 15 🕐 周一至周六10:00—22:00,周日11:00—22:00 @ www.tsvetnoy.com 🚌 地铁9号线,七彩林荫路站

艺术

如果您准备购买艺术品,请当场向售货员索要文化部颁发的有效的出境许可证!

Gallery Gelman(折页 M10)

声名显赫的马拉特·盖尔曼(Marat Gelman)在这里出售一流年轻艺术家的绘画和版画作品。🏠 4.

购物

莫斯科在奢侈品消费方面不输世界上任何一个一流大都市

Syromyatnicheskiy Pereulok 1/6 ◐ 周二至周六12:00—20:00 @ www.guelman.ru 🚇 地铁10号线,契卡洛夫站(Chkalovskaya)

Mars Center(折页H7)

潮流艺术中心Mars的两层楼内陈列着俄罗斯和国际现代艺术作品:绘画、雕塑或者隔间内的多媒体艺术。🏠 Pushkarev Pereulok 5 ◐ 每日12:00—22:00 @ centermars.ru 🚇 地铁6号线,苏哈列夫站(Sukharevskaya)

凯旋画廊(Triumph Gallery)(折页H10)

不管"凯旋"与否,这个团队把备受争议的艺术家达米恩·赫斯特本人带到了莫斯科。今天人们可以在这里欣赏到俄罗斯集体艺术创作《循环》。🏠 Ulitsa Iljinka 3/8 ◐ 每日11:00—20:00 @ www.triumph-gallery.ru 🚇 地铁3号线,革命广场站(Ploschad Revolutsii)

集市和跳蚤市场

莫斯科的食品市场上汇集了来自俄罗斯各个地区的特色美食。它以其多样化和趣味性令人折服。集市上的一切都让人心动不已:不论是水果和蔬菜、来自中亚的香料、伏尔加河鲟鱼和鱼子酱、新鲜的小龙虾,还是蘑菇、蜂巢蜜或者腌渍野韭菜。

当地推荐▶多罗戈米洛夫斯基市场(Dorogomilovskiy Market)● (折页A12)

当路边镶着金牙的大哥冲着您吆喝:"嘿,兄弟,想来点什么?"不要被吓一跳。这种老派集市上的

莫斯科

摊贩们只是想向人热情地介绍他的商品。只要友好地询问，这些来自高加索北部地区和中亚的"兄弟"们就会让您尝尝他们的果脯和蜜饯。如果买得多，还能有折扣。推荐乌兹别克斯坦的面包。集市后不起眼的小木屋里供应午餐。🏠 Ulitsa Mozhayskiy Val 10 ⏰ 每日7:00—20:00 🚇 地铁3、4号线，基辅站

伊兹梅洛沃旧物市场（Izmailovo Market）★

即使坐半小时地铁也绝对值得。这是俄罗斯最大的露天市集，由一座废弃游乐园改造，因谐音被华人昵称为"一只蚂蚁"。在这里，不仅能搜罗到套娃、瓷器、漆器、琥珀、皮毛饰品，还能淘到充满年代感的军用品、邮票、相机等古物，琳琅满目。🏠 Izmailovskoye Shosse 73 ⏰ 每日9:00—18:00 @ www.moscow-vernisage.ru 🚇 地铁3号线，游击队站（Partizanskaya）

里加市场（Rigaer Market）（折页J3）★

一部俄罗斯著名黑帮题材电视剧的取景地，也是莫斯科最大的鲜花市场。它藏在一个购物中心之后。巨大的市场内花香扑鼻，还有若干清真肉铺、香料摊、蜂蜜和各种高加索奶酪。🏠 Prospekt Mira 88 ⏰ 周一至周六7:00—19:00，周日7:00—17:00 🚇 地铁6号线，里加站（Rizhskaya）

斯瓦尔卡（Svalka）

斯大林时代生产装甲车的地方，如今已成为莫斯科最潮流的二手商品市场。在业已退役的37号工厂"斯瓦尔卡"，分门别类地摆放着二手书籍、音乐器材、古董和其他怀旧物件。时尚潮人、退休老人和非主流人士都能在这里找到令自己满意的商品。最令人称道的是，市场上收入的70%都会捐赠给慈善机构。🏠 Izmaylovskoe Shosse 73/6 ⏰ 周三、周六12:00—21:00 🚇 地铁8号线，伊里奇广场站（Ploschad Ilyicha）

购物

当地推荐 **Tz Gostinitsa Sevastopol**(Sewass)

这幢楼在苏联时代曾经是大酒店,如今,在17层,开办着一个东方集市"Sewass"。陈旧的酒店套房组成的迷宫里,林林总总地陈列着来自印度、中国、韩国的衣服、鞋子、饰品、糖果、蜂蜜、香烟和水烟配件。这个集市近年来一直是市政部门的取缔目标,老顾客的抗议声将它保护至今。从俄罗斯经济最困难的时期起,这里的电梯就无人维修,狭窄的楼梯成为上下通行唯一的路径。🏠 Ulitsa Bolshaya Yushunskaya 1a 🕐 每日9:00—20:00 🚇 地铁9号线,塞瓦斯托波尔站(Sevastopolskaya)

时装

Dasha Gauser(折页M9)

这位莫斯科年轻女设计师的风格着重突出女性魅力。她设计的服饰看

伊兹梅洛沃的缤纷集市包罗万象,应有尽有

莫斯科

上去都极其性感。🏠 Nizhniy Susualnyy Pereulok 5/10，在老工厂Arma内 🕐 每日10:00—21:00 @ www.dashagauser.com 🚇 地铁3、5号线，库尔斯克站

Glance（折页J10）

这个服装设计品牌拥有6家连锁的小型时装店。店内没有时髦又昂贵的女装，取而代之的是高品质但平价的个性服饰。它们均出自俄罗斯年轻的时装设计师之手，并以小系列款定制。🏠 Ulitsa Solyanka 1/2 🕐 周一至周五10:00—22:00，周六、周日10:00—21:00 @ www.glance.ru 🚇 地铁6、7号线，中国城站（更多分店信息请参照网站）

Masha Tsigal

走在潮流尖端的马沙·茨格尔（Masha Tsigal）是俄罗斯最有名的年轻女设计师之一。她用天鹅绒、丝绸和针织材料制作时装，辅以刺绣和涂布作为点缀。她的设计风格多变，从嬉皮士到嘻哈均有涉猎。🏠 Novodmitrovskaya Ulitsa 5a/2 🕐 周一至周五10:00—19:00，周末不定 📞 96 52 95 77 22 @ www.mashatsigal.com 🚇 地铁9号线，德米特里·顿斯科伊林萌路站

Tom Klaim（折页K15）

Tom Klaim的创始人是阿纳托利·克里明（Anatoli Klimin）。他曾是莫斯科最早一批时尚领军人之一，并成功跃入国际市场。🏠 Ulitsa Kozhevnicheskaya 16 🕐 周一至周五9:00—19:00 @ www.tomklaim.com 🚇 地铁2、5号线，帕维列茨站

瓦伦丁·尤达什金（Valentin Yudashkin）★

成功卓越的俄罗斯设计品牌，现在也经营首饰和香水。凭借大胆而不合常规的创新设计，尤达什金多年来都是国际时尚秀场的常客。访客需预约。🏠 Kutuzovsky Prospekt 19 📞 49 92 40 11 89 @ www.yudashkin.com 🚇 地铁4号线，大学生站（Studencheskaya）

首饰

Adamas（折页F8）

同名饰品厂旗下的商店供应各式各样的金银首饰。单件饰品售价为1 000卢布起。🏠 Tverskaya 14 🕐 每日24小时 @ www.adamas.ru 🚇 地铁2、7、9号线，特维尔站

Altyn（折页E11）

这家饰品超市的商品价格较实惠。在这里可以买到吉尔吉斯的金饰，哈萨克斯坦和俄罗斯的银饰，以及各种宝石。🏠 Ulitsa Arbat 23 @ www.altyngold.ru 🚇 地铁3、4号线，阿尔巴特站

鞋履和饰品

Tj Collection（折页F8）

以其出色的男鞋和女鞋系列而广受欢迎。优雅、原创和舒适是它们的吸睛之处。🏠 Tverskaya 12b 🕐 每日10:00—22:00 @ www.tjcollection.com 🚇 地铁2、7、9号线，特维尔

站、普希金站、契诃夫站

Rendez-Vous（折页 F9）

这家高档鞋店出售知名品牌的欧式风格男、女鞋。此外，店里还有花样繁多的搭配饰品可供挑选。🏠 Tverskaya Ulitsa 15 🕐 每日10:00—24:00，🚇 地铁2、7、9号线，特维尔站、普希金站、契诃夫站

书籍与电影

《俄罗斯之旅》（Russia A Journey with Jonathan Dimbleby）——BBC出品的5集纪录片，深度探访幅员辽阔、地大物博的俄罗斯，探究俄罗斯的历史和现代文化，欣赏壮丽美景，搜罗奇珍异宝，一窥风土人文。

《莫斯科不相信眼泪》（Moscow Does Not Believe in Tears）——20世纪80年代著名苏联影片，曾获奥斯卡金像奖最佳外语片。该片在当时颠覆了传统描写政治与战争的苏联作品，把镜头对准了莫斯科的普通居民，讲述一个女工的爱情故事，记录了当时苏联新一代的"准西方"生活方式。

《娜塔莎之舞》（Natasha's Dance: A Cultural History of Russia）——通过对18世纪兴起的俄罗斯芭蕾、绘画、诗歌、戏剧和音乐等讨论，探索俄罗斯文化史中的分裂与对抗，以散文般的笔触再现广袤质朴的俄罗斯。

《一个沙发客的俄罗斯之旅》（Couchsurfing in Russia）——从沙发到沙发，记者斯蒂芬·奥斯（Stephan Orth）走进俄罗斯的寻常人家，以全新的外人视角描述这个国家好客的一面。这本2017年出版的书中还记录了作者碰见的一个疯子，后来却发现他对人热心又真诚。

《命运的捉弄》（The Irony of Fate）——在一个愉快的除夕夜，4位老朋友像往年一样聚在一个莫斯科澡堂庆祝新年。之后男主角却因醉酒乘错了飞机来到圣彼得堡，而他新求婚的女朋友正在莫斯科的家中等待着他的到来。这部1975年上映的苏联经典影片是莫斯科经久不衰的贺岁电影。

《地铁2033》（Metro 2033）——不久的未来全球爆发了核战，莫斯科地铁成为幸存人类的避难所。德米特里·格鲁克夫斯基（Dmitry Glukhovsky）以第一部长篇小说（2008）为基础创作了一系列丛书，最新出版的这本小说中时间的齿轮已转到了2035年。

夜生活

从这里出发

莫斯科大剧院（折页G9）：在莫斯科大剧院欣赏完优雅的芭蕾舞表演之后，可以趁着意犹未尽，在附近的咖啡馆或酒吧边啜饮边回味。接下来，一头扎进莫斯科的夜生活。如果想跳舞，可以去现场音乐酒吧传教总会或者穿着运动鞋在罗德尼亚的天台尽情摇摆。在棕榈树下的吉卜赛酒吧，常常能遇见蹬着高跟鞋的美女和有钱的帅哥，酒精在血管里肆意流淌，夜灯璀璨的莫斯科全景在眼前展开。

20世纪90年代，DJ Smash的《莫斯科夜未眠》一度成为热门歌曲。歌中所述在当时只是纯粹的梦想，因为这个繁华、庞大的首都居然连一个酒吧都没有！而现在，光是蓬勃的夜生活文化，已足够成为人们拜访莫斯科的一大理由。

在这里，永远不会觉得无聊。每一季都会从地下冒出一些新的俱乐部和DJ，带给人们新鲜感。在"一夫当关"的酒吧门口，守门的保安变化无常，有时候不让穿运动鞋的进去，只给穿有跟鞋的人放行，有时候又完全相反。针对外国人，特别是西欧人有

上图：莫斯科大剧院

大剧院的夜晚让音乐和戏剧爱好者难以平静。莫斯科的酒吧和俱乐部里更是挥霍着无数夜猫子的不眠夜。

折扣价,有人对此欣喜,也有人对此不满。

另外,莫斯科世界水准的舞台剧享誉全球,体现了俄罗斯古典艺术的高度成就。夜生活的传统开场节目是莫斯科大剧院剧团的芭蕾舞表演或者柴可夫斯基音乐会,欣赏完表演之后,可以在充满设计感的时尚餐厅享用晚餐,或者前往爵士俱乐部,一边品酌波尔图葡萄酒,一边在现场音乐中沉醉——如果还能找到空位的话。地下小酒馆是接下来的固定项目,这里的酒水和谈资足够让人畅享到黎明。总之,尽情拥抱莫斯科的夜晚吧!

莫斯科

芭蕾舞和歌剧

莫斯科芭蕾舞剧院(Theatre Ballet Moscow)(折页L7)

从瓦格纳(Wagner)和斯特拉文斯基,到电子摇滚和声效拼贴,这里的曲风无所不包:自1989年成立以来,莫斯科芭蕾舞剧院让一批批的年轻舞者和新生代编舞指导走进公众的视野。剧院的表演着重现代舞蹈。演出时长通常比古典芭蕾舞剧更短,但是剧团拓宽了舞台表演的艺术范畴,甚至将体操和杂技融入其中。剧目经常在莫斯科不同的小型舞台上演,有时是小市民氛围的剧场,有时是在严肃的苏联构成主义建筑里。必看剧目:获奖作品《白痴咖啡馆》(Café Idiot),改编自陀思妥耶夫斯基(Dostoyevsky)的小说,编舞指导是来自德国的现代舞编导家碧娜·鲍什(Pina Bausch)。 Novoryazanskaya Ulitsa 16 售票时间:周一至周五11:00—19:00 600卢布起 0 49 56 07 01 29 @ baletmoskva.ru 地铁1、5号线,共青团站(Komsomolskaya)

莫斯科大剧院(Bolshoi Theatre)★●(折页G9)

近20年来,莫斯科大剧院的演出水平有所下降,在文艺爱好者心目中的声望已经不如圣彼得堡的马林斯基剧院(Mariinsky Theatre),但依然保持在世界一流的行列中。这里的热门票非常难订,一般在演出前3个月放出,主舞台剧目的票常在开售几天之内就被抢购一空。

对于这样的大型剧院来说,尽管富丽堂皇的剧院内部绝对会令您终生难忘,但有一些座位基本看不到舞

有人说,斯坦尼斯拉夫斯基音乐剧院比莫斯科大剧院更出色

夜生活

台，即使票价便宜，还是尽量避免这样的座位。通常这样的位置位于楼下后排（从第2排开始）两侧。建议选择舞台中央的位置，即使在高层、后排也能将舞台尽收眼底。新建剧院的座位设计较为人性化，故较少受此影响。

莫斯科大剧院主要以俄罗斯古典艺术闻名于世：《胡桃夹子》（The Nutcracker）和《天鹅湖》（Swan Lake），《斯巴达克斯》（Spartak）和《罗密欧与朱丽叶》（Romeo and Juliet）。由彼得·乌斯季诺夫（Peter Ustinov）导演的谢尔盖·普罗科菲耶夫（Sergey Prokofiev）经典歌剧《三橘爱》（The Love for Three Oranges）也广受欢迎。建造在沼泽地上的剧院建筑于2005年进行了整修，因为建筑主体出现裂缝，从而有坍塌的危险。2011年重新开放的大剧院重现了旧时的光芒。旁边作为偶尔替补的"新剧院"也被完好地保留下来。剧院的内部设计重现了1895年的原貌，主体建筑配置了最现代的舞台技术。剧院大厅内共有1 740个观众席位，可容纳一个由130位演奏家组成的管弦乐队在此演出。🏠 Teatralnaya Ploschad 1 🕐 售票时间：每日12:00—16:00和18:00—20:00 ¥ 2 000卢布起 📞 49 54 55 55 55 @ www.bolshoi.ru 🚇 地铁2号线，剧院站

莫斯科新歌剧院（Novaya Opera）（折页F7）

这座莫斯科最年轻的歌剧院采用了新青春艺术的建筑风格。新歌剧院凭借其顶尖的剧团在业界出类拔萃。它的演出剧目涵盖了古典主义和现代主义。此外，创作于21世纪的歌剧也常被搬上舞台。🏠 Ulitsa Karetnyy Ryad 3, Ermitage Garten 🕐 售票时间：每日11:00—15:00和15:30—20:00 ¥ 250卢布起 📞 49 56 94 08 68 @ www.novayaopera.ru 🚇 地铁2、9号线，马雅可夫斯基站、契诃夫站

斯坦尼斯拉夫斯基音乐剧院（Stanislavsky Music Theatre）★（折页F–G8）

斯坦尼剧院由两个剧院合并而成。它和莫斯科大剧院之间的竞争从古典芭蕾、现代芭蕾、歌剧一直延伸到了轻歌剧。在某些领域，它甚至更胜一筹。🏠 Ulitsa Bolshaya Dmitrovka

---

值得一游

★ **莫斯科大剧院**
修葺一新的剧院建筑美轮美奂，精湛卓越的芭蕾舞和歌剧表演享誉全球。➔P.96

★ **斯坦尼斯拉夫斯基音乐剧院**
莫斯科大剧院全方位的强劲对手。➔P.97

★ **吉卜赛**
虽然守门人很严苛，但是棕榈树下的欢快舞曲和莫斯科河的绝佳视野仍让人趋之若鹜。➔P.101

★ **Propaganda**
火爆的音乐现场，纵情热舞的人群，同性恋者的流连之地。➔P.102

★ **莫斯科音乐学院**
层出不穷的交响音乐会，一流的音响效果。➔P.100

17 🕐 每日11:30—19:00 📞 49 57 23 73 25 @ stanmus.com 🚇 地铁2、7、9号线，特维尔站，普希金站，契诃夫站

酒吧和现场音乐

B. B. King（折页G7）

这个爵士俱乐部常常有大人物登场，比如赖利·金（B. B. King）自己，或者是洛德·史都华（Rod Stewart）和莱米·凯尔密斯特（Lemmy Kilmister）。他们的歌声总是动人心弦，爵士乐的现场魅力令人难以抗拒。🏠 Ulitsa Sadovaya-Samotechnaya 4/2 🕐 20:30 @ www.bbkingclub.ru 🚇 地铁9号线，七彩林荫路站

Kitaiskiy Lyotchik Djao Da（折页J10）

一个含现场音乐表演的亚非风格小酒馆。吧台是一个机翼。每天晚上6点有茶艺表演，之后就是开怀畅饮时间。🏠 Lubyansky Proezd 25 🕐 每日24小时 @ www.jaoda.ru 🚇 地铁6、7号线，中国城站

当地锦囊 **灯塔俱乐部**（Club Mayak）（折页E9）

灯塔俱乐部过去是电影制片人、记者和大小明星的私密俱乐部。现在它面向所有人开放，不过以前这个圈子的人仍常来拜访。这里不仅有美味佳肴，还有现场音乐。🏠 Ulitsa Bolshaya Nikitskaya 19 🕐 每日12:00—6:00 @ www.clubmayak.ru 🚇 地铁3、4号线，阿尔巴特站

当地锦囊 **门捷列夫**（Mendeleev）（折页G8）

面条酒吧"幸运面条"（Lucky Noodles）门卫森严，商人们和大学生们在这里尽情品尝着生活的幸福滋味，周末还可以跳舞。由俄罗斯知名的鸡尾酒酿造商罗曼·米罗斯特维（Roman Milosteviy）制作的酒水单以苦艾酒为基酒。不接受预约，也没有熟客名单，完全由门口守门的壮汉决定谁可以进去。🏠 Ulitsa Petrovka 20/1，地下室 🕐 周二、周三18:00至次日1:00，周四18:00至次日3:00，周五、周六20:00至次日5:00 @ www.

省钱有道

比起莫斯科大剧院门前炒成天价的黑市戏票，预售票要便宜得多。然而 ●格涅辛音乐学院（折页D10）（Gnesin's Academy of Music 🏠 Ulitsa Povarskaya 38/1 @ gnesin-academy.ru 🚇 地铁3、4、7号线，阿尔巴特站、路障站）大厅内的高品质大学生音乐会连门票都不要。

地下室俱乐部Duma也常常免费开放。俱乐部内除了有摇滚乐、流行音乐表演和迪斯科舞会，还有无线网络和室内影院。

全城最便宜的酒水和硬式摇滚就在Killfish（折页J9）（🏠 Maroseyka 4/2 @ killfish.ru 🚇 地铁6、7号线，中国城站）。这里啤酒和小吃的品质不过尔尔，尽管如此，它自有其魅力所在。凭证件可以获得一张打折券。全国有多家分店。

夜生活

mendeleevbar.ru 🚇 地铁7号线，库兹涅茨克桥站

滚石酒吧（Rolling Stone）（折页F13）

只要能通过严格的门禁，就能畅选这里的30种威士忌或者来一杯鸡尾酒。酒吧的天台视野开阔，可以俯瞰莫斯科河的美丽景色。潮流DJ们持续点燃现场气氛，让人们沉溺其中到天明。🏠 Bolotnaya Naberezhnaya 3/1 🕐 周五、周六21:00至次日7:00 📞 49 55 04 09 32 🚇 地铁1号线，克鲁泡特金站

Soyuz Kompozitorov（折页F9）

这家全城最好的爵士乐俱乐部拥有出色的美食和高雅的听众。常有来自美国和俄罗斯的爵士歌手和乐队在此登台表演。🏠 Bryusov Pereulok 8/10，2号楼演 🕐 每日20:30，周六17:00还有一场 ¥ 400卢布起 📞 49 56 29 65 63 @ www.ucclub.ru 🚇 地铁1号线，猎人商行站

电影院

纪录片中心（Doc）（折页E13）

这里放映从音乐纪录片到现场录制的英国戏剧表演等各种类型的片子。小型休息室内有优质的无线网络

门禁越严越有趣：滚石酒吧内景

莫斯科

斯巴达克队是莫斯科的代名词：这个足球"游牧部落"在2014年终于有了自己的主场

信号。🏠 Zubovskiy Bulvar 2 ¥ 300卢布起 @ www.cdkino.ru 🚇 地铁1、5号线，文化公园站

先锋电影院（Pioneer）（折页A11）

莫斯科最美的艺术影院之一。这里的影片都是加上字幕后以原声放映。🏠 Kutuzovsky Prospekt 21 ¥ 100卢布起 @ www.pioner-cinema.ru 🚇 地铁8号线，商业中心站（Delovoy Tsentr）

音乐会

温萨沃德文化中心（Vinzavod Cultural Center）

位于库尔斯克火车站之后的温萨沃德文化中心，原来是一家葡萄酒厂，现在是重要的文化和娱乐中心。里面有一家前卫时尚的舞厅Hitrye Ludi（🕐 周一至周四10:00—23:00，周五、周六10:00或11:00开始营业，结束时间不定，周日11:00—23:00）。🏠 4. Syromyatnicheskiy Pereulok 1-6 🕐 每日12:00—20:00 @ www.winzavod.ru 🚇 地铁5号线，库尔斯克站

莫斯科音乐学院（The Moscow State Conservatory）★（折页F10）

拥有上百年历史的音乐学院是莫斯科的一块金字招牌。管弦乐队、合唱团和管风琴一流的现场音效也对音乐学院的盛誉功不可没。每4年会在这里举办一次柴可夫斯基国际大赛。🏠 Bolshaya Nikitskaya Ulitsa 13/6 🕐 售票时间：10:00—22:00，音乐会时间：19:00起 ¥ 300卢

夜生活

布起 ☏ 49 56 29 94 01 @ www.mosconsv.ru 🚇 地铁1、3、4号线，猎人商行站、阿尔巴特站

柴可夫斯基音乐厅（Tchaikovsky Concert Hall）（折页 E7）

柴可夫斯基音乐厅每年举办约300场演出，场场座无虚席，要提前很长时间才可能订到票。演出内容包括从古典音乐和音乐剧，到民谣等各种形式的表演。🏠 Triumfalnaya Ploschad 4/31 🕐 售票时间：每日10:00—20:00，音乐会时间：19:00起 ¥ 200卢布起 ☏ 49 56 99 22 62 @ www.meloman.ru 🚇 地铁2号线，马雅可夫斯基站

夜店

吉卜赛（Gipsy）★ （折页 F13）

这家进店最看脸的俱乐部位于莫斯科河河畔。风景美得令人窒息的天台是吉卜赛的吸睛之处。热爱夜生活的人们在棕榈树下的舞池里彻夜狂欢。酒吧里的酒水价格无上限。吧台设计采用了牙买加海滩吧的风格。🏠 Bolotnaya Naberezhnaya 3/4 @ bargipsy.ru 🚇 地铁1号线，克鲁泡特金站

尚地推荐 ▶ Imagine Café（折页 K9）

曾叫作"尚拉危机"（Crisis Schanra）的传奇酒吧更换名称之后，在外籍人士中间依然拥有超高人气。每到周末，这家中等大小的酒吧里就人满为患。店里定期会举办音乐会，曲风从20世纪50年代怀旧歌曲延伸至现代电子音乐，伴随着音乐人们常常酣畅起舞。🏠 Ulitsa Pokrovka 16/16 🕐 周五、周六11:30至次日6:00，其余日期11:30至次日5:00 @ imaginecafe.moscow 🚇 地铁1号线，清塘站

Jagger（折页 A-B10）

这家俱乐部自带餐厅和花园，最适合夏天拜访。因为从5月到10月，狂欢场地常常搬到挂满彩灯的露天花园里。俱乐部通常演奏非主流音乐，有时也有20世纪90年代的老歌，以满足不同听众的口味。🏠 Rochdelskaya Ulitsa 15/30 🕐 周五、周六14:00至次日6:00，其余日期12:00—24:00 @ jagger-hall.ru 🚇 地铁5号

莫斯科大马戏团

莫斯科国家大马戏团是全世界规模最大的马戏剧团之一，在世界性杂技和马戏大赛中屡获殊荣，可谓是世界马戏表演最高水平的代名词。马戏院外观似小丑帽，舞台呈圆形，可容纳三千多名观众。马戏团表演不仅有驯兽、大跳板、滑稽小丑、高空飞人等传统项目，还拥有先进的马戏技术设备和华丽的舞美装饰，是在莫斯科不可错过的视觉盛宴。🏠 Vernadskogo ave 7 🕐 周三、周六、周日13:00、15:00、17:00、19:00 ☏ 0 49 59 30 03 00 @ www.greatcircus.ru

莫斯科

线,红普列斯妮娅站

当地锦囊 Mix（折页B10）

当莫斯科进入早餐时间,这里的序幕才刚刚拉开。全城最好的余兴派对始于清晨时分,到中午才结束。舞曲风格一般为当下主流音乐。尽量穿戴时髦,以获取守门人的放行。🏠 Kutuzovsky Prospekt 12/1,入口在Tarasa Shavchenko旁边 🕐 周五、周六24:00至次日13:00 @ www.afterparty.am 🚇 地铁3、5号线,基辅站

Propaganda★（折页J9）

城中没有一位出租车司机不知道这里的大名。这家扬名国际的俱乐部已成为一处旅游景点。传教总会是莫斯科为数不多的公开欢迎男女同性恋的酒吧之一。每周日的派对是莫斯科同性恋派对。一周里的其他日子是不同音乐曲风的主题派对：周四是高科技浩室,周五是电子摇滚,周六是深浩室。传教总会于1997年开业至今,是莫斯科最年长的酒吧。光头DJ谢尔盖·桑切斯（Sergey Sanchez）是镇店法宝,虽然他已移居巴塞罗那,但是每两周都会回一次莫斯科。酣舞至夜半,饥肠辘辘之时可以在街角的 当地锦囊 Mosdoner（折页J9）（🏠 Pokrovka 1/13）吃宵夜,这里有全城口碑最好的烤肉串。🕐 每日24小时 🏠 Bolshoy Zlatoustinskiy Pereulok 7 🕐 周一0:00—4:00,其余日期0:00—6:00 @ www.propagandamoscow.com 🚇 地铁6、7号线,中国城站

当地锦囊 罗德尼亚（Rodnya）（折页M10）

罗德尼亚位于先锋艺术建筑群Artplay的一处地下室。酒吧内部为两层式阁楼,每年伊始都会举办一场名为"相遇（Meets）"的新年庆典。现场音乐的曲风通常是高科技浩室或深浩室。夏天可以在☕酒吧天台观看库尔斯克站的火车从旁经过。此外,酒吧内还有一个桌式足球机！🏠 Nizhnyaya Syromyatnicheskaya Ulitsa 10/7 🕐 周五、周六23:00至次日6:00

苏荷（Soho Rooms）（折页B14）

苏荷是集美食、娱乐、艺术为一体的顶级娱乐场所,来此光顾的客人都是见多识广的富豪名流。🏠 Savvinskaya Naberezhnaya 12/8 🕐 餐厅、酒吧,周二至周六12:00起；天台及泳池,周四至周六20:00起；舞厅,周五、周六23:00起 @ www.sohorooms.com 🚇 地铁1号线,伏龙芝站（Frunzenskaya）

斯特雷卡酒吧（Strelka Bar）（折页F13）

斯特雷卡白天是研修建筑学的地方,晚上则化身为激情派对的场所。位于莫斯科河河畔的俱乐部天台是纵览全城美景的好地方,每到夏日,这里会搭建一个临时帐篷。长头发的艺术总监是打碟高手,他有时会在现场加入鼓点节拍。🏠 Bersenevskaya Naberezhnaya 14/5 🕐 周一至周四9:00—24:00,周五9:00至次日3:00,周六12:00至次日3:00,周日12:00—24:00 @ strelka.com 🚇 地铁1号线,克鲁泡特金站

夜生活

当地馔囊 铃兰（Suzuran）（折页 J9）

隐匿于一个天井之中的铃兰酒吧极像是处于柏林的一个地下室内，内部设计采用时髦的莫斯科工业风格。酒吧常有新的DJ前来打碟助兴，舞曲风格为有着浓厚灵魂唱腔的深浩室和电子摇滚。如浪如潮的音乐叩击着耳膜，以至人们忍不住随之摇摆，然而声音又不至于大到妨碍聊天。酒吧老板是德国人克里斯·黑尔姆布莱希特（Chris Helmbrecht），《该死的莫斯科》（Fucking Moscow）一书的作者。他自封为派对之王，喜欢和顾客闲聊，并且有时候自己打碟。不过他一般来得很晚。🏠 Sverchkov Pereulok 8 🕐 周三至周四18:00至次日3:00，周五、周六18:00至次日6:00 🚇 地铁1号线，清塘站

像莫斯科人一样热爱体育

在莫斯科说到足球，就不得不提鼎鼎大名的斯巴达克足球俱乐部（Spartak）。经历了长达7年的建造时间之后，普京总统在2014年亲自为斯巴达克俱乐部新主场的落成剪彩。不过他本人是圣彼得堡泽尼特足球俱乐部（FK Zenit Sankt Petersburg）的粉丝。斯巴达克体育场又名奥特克里蒂体育场［Otkritie Arena 🏠 Volokolamskoye Shosse 69 @ tickets.spartak.com 🚇 地铁7号线，斯巴达克站（Spartak）］，奥特克里蒂是其中一家银行赞助商的名字。它和2016年建造完成的莫斯科中央陆军队主场（WEB-Arena）共同成为2018年足球世界杯的比赛场地。莫斯科中央陆军队一直是斯巴达克的强劲对手。

广受莫斯科人喜爱的还有冰球和花样滑冰，俄罗斯在这两个项目同样也是世界一流水平。为此建造的冰宫［Ledovy Dvorets 🏠 Khodynskiy Bulvar 3 🕐 周一至周五10:00—20:00，周六12:00—20:00，周日12:00至次日2:30 @ www.hockey-palace.ru 🚇 地铁2号线，迪纳摩站（Dinamo），地铁站出来步行10分钟］可容纳1.4万名观众。这个冰场也向公众开放。每年10月份在奥林匹克体育场举办的克里姆林杯网球公开赛（订票请登录 @ www.kremlincup.ru 🚇 地铁5、6号线，和平大道站）中，有机会看到玛丽亚·莎拉波娃（Maria Sharapova）等知名球星的身影。

住 宿

  莫斯科的大型酒店保持着国际一流水准,不仅门口停着络绎不绝的黑色豪华轿车,还可欣赏窗外克里姆林宫的金色圆顶。为此,凯宾斯基、丽思卡尔顿或者凯悦的顾客们往往需要付出比在其他国家的大都市高得多的费用。然而,因为小旅馆、民宿的繁荣兴旺,莫斯科对于背包客来说并非高不可攀。

  莫斯科的酒店业完全没有受到金融危机的冲击:因为源源不断的游客从中国、印度或者其他东方国家来到这里。其后果却是另一轮的危机——即使客房被抬成天价依然一房难求,因为过去的这些年间拆除的酒店数量远超过新建的酒店。中档酒店的价格也很高——只有在网上仔细研究和比对,才能找到物美价廉的酒店。

  如果不追求客房舒适度,还是有很多便宜的客房可以选择:在一些网站,比如爱彼迎(AirBnB @ zh.airbnb.com),可以找到当地人提供的民宿,有单间也有整套公寓。掌握一些技巧就可以花很少的价钱住进"婚礼蛋糕楼"里。另一个选择是住在离市中心较远的苏联时期的酒店。

上图:丽思卡尔顿酒店的总统套房

> 在莫斯科,获得舒适的睡眠比在其他大都市更昂贵。然而遍地开花的小旅馆和民宿接纳了来自世界各国的背包客。

一直以来,背包客们都绕开昂贵奢华的市中心住宿。但是在莫斯科,他们能以折算下来不到5欧元的价格,在克里姆林宫附近的多人间找到一个床位。而且,俄罗斯小旅馆的舒适度接近欧洲水平,服务甚至更好,还都是24小时营业。莫斯科的小旅馆通常情况下不接受信用卡。

具有冒险精神的游客和德国作家斯蒂芬·奥斯一样,成为沙发客(@ www.couchsurfing.com)。好客的当地人会通过这类网站为旅客们免费提供他们的躺椅,一张床或者地板上的一个床垫。

莫斯科

斯大林式"伪哥特建筑"再次热门起来：如果喜欢这种风格，就在雷迪森酒店住宿

酒店¥¥¥

阿尔巴特酒店（Arbat）（折页 D11-12）

这家小巧整洁的酒店位于阿尔巴特街旁边一条安静的横街上，附近的外交部大楼傲视着这片街区。这家酒店隶属于克里姆林宫的管理机构。酒店内有商务中心、餐厅和酒吧。104间客房。🏠 Plotnikov Pereulok 12 📞 49 92 71 28 01 @ arbat.president-hotel.ru 🚇 地铁3、4号线，斯摩棱斯克站

巴尔舒格凯宾斯基饭店（Baltshug Kempinski）（折页 H12）

从早餐厅向外望去，可以欣赏克里姆林宫、红场和圣瓦西里升天大教堂的迷人景致。像其他的凯宾斯基饭店一样能品尝到德国风味。230间客房。🏠 Ulitsa Baltschug 1 ¥ 人民币2 300元起 📞 49 52 87 20 00 @ www.kempinski-moscow.com 🚇 地铁2号线，新库兹涅茨克站

东西酒店（East-West）（折页 E9）

温馨的屋前花园，小巧而舒适的餐厅，拥有26间客房的东西酒店看起来像一家传统的英式旅馆。酒店位于市中心一栋18世纪的3层贵族宅邸内。🏠 Tverskoy Bulvar 14/4 📞 49 56 90 04 04 @ www.hotel-east-west.ru 🚇 地铁7号线，普希金站

乐天酒店（Lotte）（折页 D11）

韩国连锁酒店集团旗下的酒店，气势恢宏的立柱和闪亮的玻璃幕墙令人印象深刻。酒店大堂高贵奢华。共

住宿

有39间极致舒适的套房,其中一间的面积甚至达到490平方米,是俄罗斯最大的套房。即使是261间标准间的单间面积也都是42平方米以上。 🏠 Novinskiy Bulvar8/2 ¥ 大约420卢布起 📞 49 57 45 10 00 @ www.lottehotel.ru 🚇 地铁3、4号线,斯摩棱斯克站、阿尔巴特站

国家酒店(National)★(折页G10)

早在十月革命之前很久,国家酒店就是莫斯科最好的酒店之一,因此曾接待过像列宁和丘吉尔(Churchill)这样的大人物。一流的☆客房和宴会厅都拥有观赏克里姆林宫的绝佳视野。酒店还有一个观景天台!游泳池位于玻璃天窗之下,宽敞明亮。202间客房。🏠 Ulitsa Mokhovaya 15/1 📞 49 52 58 70 00 @ www.national.ru 🚇 地铁10号线,猎人商行站

总统酒店(President Hotel)☆(折页G13)

总统酒店可以眺望基督救世主大教堂的风景。1992年,多国领导人在这家酒店签署了"4+2"协议,为两德统一确定了路径。208间客房。🏠 Ulitsa Bolshaya Yakimanka 24 📞 49 92 71 28 00 @ www.president-hotel.ru 🚇 地铁5、6号线,十月站

丽思卡尔顿(Ritz-Carlton)(折页G9-10)

莫斯科的纽约风:在O2休息室欣赏克里姆林宫,犹如在眼前展开了一片童话世界。酒店的334间客房均采用高贵典雅的皇家设计风格,最小的房间也有42平方米。🏠 Tverskaya Ulitsa 3 ¥ 人民币2 500元以上 📞 49 52 25 88 88 @ www.ritzcarlton.com 🚇 地铁1号线,猎人商行站

赛瓦酒店(Savoy)(折页H9)

克里姆林宫和卢比扬卡附近的赛瓦酒店是全城最古老的酒店之一。1913年开张之时叫"柏林酒店"。共有67间客房,一间带壁炉的休息室、商务中心、桑拿房、游泳池和健身中心等设施。🏠 Ulitsa Rozhdestvenska 3/6 📞 49 56 20 85 00 @ savoy.ru 🚇 地铁1、7号线,卢比扬卡站、库

温馨之选

★**哥斯拉旅馆**
深受欢迎、价钱实惠,中心地段——并且充分体现了俄罗斯人的热情好客。→ P.112

★**大都会酒店**
克里姆林宫旁边一座金碧辉煌的古典建筑——早餐时可以欣赏喷泉和竖琴表演。→ P.108

★**雷迪森酒店**
一夜回到苏联——在斯大林式"婚礼蛋糕楼"里欣赏莫斯科河的风景。→ P.109

★**丹尼洛夫斯卡亚酒店**
住在修道院——舒适整洁,价钱却不高。→ P.109

★**苏联传奇酒店**
斯大林时代建造的现代化豪华酒店。→ P.110

★**国家酒店**
列宁和丘吉尔曾经下榻的老牌酒店。→ P.107

莫斯科

夜不能眠，眠不觉晓

大快朵颐，大饱眼福，大睡一觉

　　站在莫斯科大剧院后面这座宫殿的天台，映入眼帘的克里姆林宫景色如此美丽，令蕾哈娜（Rihanna）和休·杰克曼（Hugh Jackman）都惊叹不已。在有206间客房的莫斯科柏悦酒店（折页H9）（Ararat Park Hyatt 🏠 Ulitsa Neglinnaya 4 ¥ ¥¥¥ 📞 49 57 83 12 34 @ www.moskva.park.hyatt.com.ru 🚇 地铁1、2、3号线，猎人商行站、剧院站、革命广场站），其实根本都不用出门，只要在酒店内溜达就很惬意。客房极其舒适豪华，酒店的天台上可以欣赏莫斯科美景，咖啡厅Ararat内有亚美尼亚佳肴，餐厅Park每到冬季的周日就有丰盛的早午餐，寿司、生蚝等应有尽有。不过因此而让莫斯科从指缝中溜走，还是有点可惜。

漫画伴您入眠

　　77旅舍（折页F9）（Hostel 77 🏠 Malyy Gnezdnikovskiy Pereulok 9/3a 📞 49 91 10 42 28 @ www.hostel-77.com 🚇 地铁2、7号线，普希金站、特维尔站）有26间客房。位于一处前卫时尚的复式楼内。客房门上的漫画是该旅舍的一大亮点。尽管没有景观房，每间客房都极其整洁舒适，然而价格却不高。公共区域方便相互攀谈，或者抱着笔记本电脑工作。4床房、6床房和8床房（¥ 人民币105~130元每床每夜）的每个床位上都装设了LED灯和床帘。服务人员特别亲切友好，旅舍的氛围像家一样温馨。

欲上青天揽明月

　　因为莫斯科城的摩天大楼没有吸引足够多的银行入驻，只能将目标转为青年旅舍和餐厅等商家。==当地锦囊== High Level Hostel [🏠 Presnenskaya Naberezhnaya 6 ¥ ¥ 📞 96 37 57 95 33 @ hostelhl.ru 🚇 地铁4号线，会展站（Vystavochnaya）] 便是其中一个。6间时尚的客房内各有2~6个床位不等。在早餐厅向窗外远眺，以如此低价坐拥如此美景，城中再无二家。早餐、咖啡和茶均包含在房价内。

历史悠久的名人客栈

　　五星级的★大都会酒店（折页G-H9）（🏠 Teatralny Proezd 2 ¥ ¥¥¥ 📞 49 95 01 78 00 @ www.metropol-moscow.ru 🚇 地铁2、3号线，剧院站、革命广场站）有363间客房，因接待过诸多历史名人而成为酒店业的传奇，毛主席、周总理都曾在此下榻。青春艺术风格的早餐厅以其瑰丽多彩的玻璃穹顶、华美典雅的室内喷泉和悦耳动听的竖琴演奏而散发着迷人的魅力。酒店内有3个餐厅。冬季周日的早午餐品种丰富。

住宿

兹涅茨克桥站

雷迪森酒店（Ukraina Radiss on Royal Hotel Moscow）★（折页 B10–11）

谁不梦想着能住进最雄伟壮丽的斯大林式摩天大楼，俯瞰莫斯科河碧波荡漾。这栋苏联鼎盛时期的建筑处处展现着现代的奢华。31楼的酒吧和许多景观房拥有欣赏莫斯科白宫和新阿尔巴特街的一流视野。周末有折扣价。酒店内一景是一个克里姆林宫及其周边的巨大模型。该模型位于一楼内侧，按照1：75的比例制作而成。497间客房。🏠 Kutuzovsky Prospekt 2/1 📞 49 52 21 55 55 @ www.ukraina-hotel.ru 🚇 地铁3、4、5号线，基辅站

酒店¥¥

艾诺博里斯酒店（Aeropolis）

这家酒店交通便利，位于前往谢列梅捷沃机场（Sheremetyevo International Airport）的路上。197间客房。🏠 Leningradsky Prospekt 37/5 📞 49 59 40 91 11 @ www.aeropolis.ru 🚇 地铁机场站（Aeroport）

菲利公园酒店（Ast Hof）

该酒店位于莫斯科的一个住宅区内。对面的菲利公园是慢跑的好地方。酒店内有100间设施齐全的客房。🏠 Ulitsa Bolshaya Filyovskaya 25/1 📞 49 96 49 32 10 @ www.asthof.vash-hotel.com 🚇 地铁4号线，巴格拉季昂站（Bagrationovskaya）

阿兹慕塔尔斯卡娅酒店（Azimut Tulskaya Hotel）

过去的纺织厂"丹尼洛夫斯卡亚生产厂"（Danilovskaya Manufacture）现在变成了一家酒店。红色的砖墙，拱形屋顶上的生铁围栏和室内的原木家具无不体现它质朴简约的特点。这家性价比很高的酒店内共有139间客房和5间套房。🏠 Varshavskoe Shosse 9 📞 49 59 87 22 22 @ www.azimuthotels.com 🚇 地铁9号线，图拉站（更多分店信息请参考网站）

丹尼洛夫斯卡亚酒店（Danilovskaya）★☸（折页 H18）

在丹尼洛夫修道院可以将对面牧首塘的景色一览无余。这家高雅的酒店由东正教会经营管理。酒店的116间客房都配置了迷你酒吧和电视。餐厅提供的菜肴都是传统俄罗斯口味。🏠 Bolshoy Starodanilovsky Pereulok 5 📞 49 59 54 05 03 @ www.danilovsky.ru/hotel 🚇 地铁9号线，图拉站

金苹果精品酒店（Golden Apple）（折页 F7）

这家内部设施十分现代化的精品酒店位于艾尔米塔什花园附近的一栋历史建筑内。除了餐厅和酒吧，酒店内还有桑拿房和一个小型健身中心。92间客房。🏠 Ulitsa Malaya Dmitrovka 11 📞 49 59 80 70 00 @ goldenapple.ru 🚇 地铁2号线，特维尔站

卡特琳娜公园酒店（Katerina Park）

尽管不在市中心，卡特琳娜仍然

莫斯科

追忆苏联时代的怀旧之地：苏联传奇酒店亚尔餐厅（Restaurant Yar）内的复古舞台

算是性价比很高的一家酒店。酒店内设健身房和一个面积很大的桑拿房。245间客房。🏠 Ulitsa Kirovogradskaya 11 📞 495 1 04 21 21 @ www.otel-katerina-park.ru 🚇 地铁9号线，布拉格站（Prazhskaya）

马克西玛斯拉维亚酒店（Maxima Slavia）

作为全城最好的中档酒店之一，位于全俄展览中心旁边一条安静的支路上。附近是卡瓦卡瓦水上乐园（Aquapark Kva-Kva ¥ 1 210卢布2小时 @ www.kva-kva.ru）。除了酒吧、桑拿房、健身中心之外，还有一个可容纳400人的会议厅。100间客房。🏠 Yaroslavskoye Sh-osse 44 📞 49 57 88 72 72 @ www.maximahotels.ru 🚇 地铁6号线，国经成就展站

苏联传奇酒店（Sovietsky）★（折页B4）

斯大林时代建造的巴洛克建筑。此处原是一家颇有名气的餐厅，1826年就已开业经营。联邦德国前总理康拉德·阿登纳（Konrad Adenauer）、英国前首相玛格丽特·撒切尔（Margaret Thatcher）和后来从政的著名影星阿诺德·施瓦辛格（Arnold Schwarzenegger）都曾在此下榻。106间客房，最大的一间套房面积130平方米。酒店内设健身中心、餐厅和夜间俱乐部。🏠 Leningradsky Prospekt 32/2 📞 49 59 60 20 00 @ www.sovietsky.ru 🚇 地铁2号线，迪纳摩站

住宿

乌兰斯卡亚酒店（Ulanskaya）（折页J8）

酒店位于市中心，有61间小型客房。餐厅每天有不同的主题菜品系列。🏠 Ulansky Pereulok 16/1a 📞 49 91 51 11 03 @ www.ulanhotel.ru 🚇 地铁1、6号线，清塘站、屠格涅夫站

酒店¥

阿尔泰酒店（Altai）

阿尔泰酒店位于一座20世纪50年代建造的建筑内，重新修葺之后，现在已经成为一家现代化的酒店。餐厅时常举办的爵士乐之夜令人难忘。地理位置极佳，交通便利。400间客房。🏠 Ulitsa Botanicheskaya 41 📞 49 54 82 57 03 @ www.altay-hotel.ru 🚇 地铁9号线，弗拉德金诺站（Vladykino）

贝加尔酒店（Baikal）

酒店位于市郊，因此价格十分优惠。附近是全俄展览中心和莫斯科植物园（Moscow Botanical Garden）。这座板式建筑内有商务中心、咖啡厅、餐厅和酒店自营的夜间俱乐部。464间客房。🏠 Selskokhozyaystvennaya Ulitsa 15/1 📞 49 91 89 77 52 @ baikal moscow.ru 🚇 地铁6号线，植物园站（Botanicheskiy Sad）

伊兹梅洛沃三角洲酒店（Izmailovo Hotel Complex）

"游客宿舍"大概是对这个庞大的酒店建筑群最贴切的形容。三角洲酒店共有4 300间客房，分5个区域，后面就是莫斯科最大的二手商品市场。🏠 Izmailovskoye Shosse 71 📞 49 5 7 37 79 50 @ www.hotelizmailovo.ru 🚇 地铁3号线，游击队站

雅罗斯拉夫斯科耶酒店（Yaroslavskoye）

这家端庄的酒店位于全俄展览中心附近，苏联时期为了承办1980年莫斯科奥运会所建造。70间客房。🏠 Ulitsa Yaroslavskaya 8/1 📞 49 56 47 25 01 🚇 地铁6号线，国经成就展站

省钱有道

夜猫子的专属定制：从拿破仑旅馆（折页 J9）（Hostel Napoleon 🏠 Malyy Zlatoustinskiy Pereulok 2，4层 📞 495 6 28 66 95 @ www.napoleonhostel.com 🚇 地铁6、7号线，中国城站）步行前往克里姆林宫只需要5分钟。旅馆内设6个共享房间，每个房间有6~10个床位不等。每床每夜人民币50元起。**当地锦囊▶应用软件Ostrovok**上有许多价格更加便宜的旅馆的信息。

如家旅舍（折页 D13）（Home Hostel 🏠 2. Neopa-limovsky Pereulok 3 📞 49 57 78 24 45 @ www.moshostel.com 🚇 地铁3、4号线，斯摩棱斯克站）离阿尔巴特街非常近，共有10个房间和52个床位。单间价格约人民币270元起，共享房间的床位价格折算下来人民币60元起。

莫斯科

萨吕和阿斯特鲁斯酒店（Salut And Astrus）

酒店主要接待来自世界各地的旅游团。酒店地理位置相对偏远，不过坐地铁还是能很快就到达市中心。🏠 Leninsky Prospekt 158（📞 49 52 34 92 52 @ www.hotelsalut.ru）和 🏠 Leninsky Prospekt 146（📞 49 54 34 94 67 @ www.astrus.ru）🚇 地铁1号线，西南站（Yugo-zapadnaya）

佐洛托伊科洛斯酒店（Zolotoi Kolos）

这座建筑建于1954年，前身是苏联的超级酒店"宇宙饭店"。整个酒店分布于6栋楼里，共包含331间客房。楼内有商店、酒吧和按摩院，十分便利。🏠 Ulitsa Yaroslavskaya 15 📞 49 56 17 66 66 @ www.zkolos.ru 🚇 地铁6号线，国经成就展站

旅馆

哥斯拉旅馆（Godzillas Hostel）★
（折页 G7）

如果预算有限，又想住得离老城区近一些，这里就是最佳选择。它位于一个古老的巷子里，去老城区转瞬即达。旅馆共有8个房间，20个床位，每个床位每夜价格大约人民币75元起。单间价格大约人民币220元起。曾获得"俄罗斯最佳旅馆"的殊荣。🏠 Bolshoy Karetny Pereulok 6 📞 49 56 99 42 23 @ www.godzillashostel.com 🚇 地铁9号线，七彩林荫路站

萨法里旅馆（Safari Hostel）
（折页 G8）

萨法里旅馆位于莫斯科大剧院和俄罗斯联邦议会下院国家杜马附近的一个庭院里，距离红场只有5分钟路程。旅馆老板是背包客，因此最懂他们的需求：免费的早餐、茶和咖啡。旅馆内有公共厨房、开放的氛围。床位价格人民币75元起，因此有客人在此长住。晚上一定得去拜访一下附近的门捷列夫酒吧。40个床位。🏠 Ulitsa Petrovka 26/8 📞 49 56 50 48 89 @ safarihostel.ru 🚇 地铁7号线，库兹涅茨克桥站

瓦格堡旅馆（Vagabond Hostel）
（折页 F8）

旅馆背后的故事像来自连环画：两个背包客搭档罗伯特（Robert）和布洛特（Bulat）周游全球后，在最初他们相遇的特维尔大街开办了一座旅馆。这个轻松随意的旅馆是背包客们的理想住处：开阔的公共厨房，开放的居住氛围便于结识新朋友。闹中取静又干净舒适，晚上还有共同参与的美食之夜。28个床位。🏠 Tverskaya 19, apt. 61 ¥ 人民币75元起 📞 96 84 04 94 04 @ vagabondhostel.com 🚇 地铁2、7号线，特维尔站、普希金站

短租公寓

像在其他地方一样，如果按规定在户籍管理处登记注册，就能通过租房中介克瓦特酒店（Kvart Hotel）周

住宿

更想租一套公寓？好客的俄罗斯人可以让您得偿所愿

一至周五10:00—19:00，周六、周日10:00—18:00 📞 49 59 21 14 24 @ www.kvart-hotel.ru）马上租到一整套公寓。莫斯科市中心一套4人公寓价格大约人民币600元起。每套公寓相互独立，设备完善。莫斯科住宿（Moskau Uebernachten 📞 0 52 51 20 20 80 @ www.moskau-uebernachten.de）也提供公寓或单间的租借服务，不过价格略高。

独特体验之旅

① 莫斯科最美之旅

起点： ❶ 红场
终点： ⓬ 圣瓦西里升天大教堂

路程： ➡ 10千米

1天
步行时间
4小时

费　用：	¥ 餐饮约人民币200元，游船约50元，地铁单程约5元，出租车约75元，莫斯科大剧院门票9元起。
携带物品：	女士们参观 ❼ 基督救世主大教堂时须佩戴头巾。
注意事项：	⓬ 莫斯科大剧院的戏票要提前很早预订。乘船最好避开旅游高峰期，并提前在 @ cck-ship.ru 核实游船公司和出行时间。

　　饱览城中的名胜古迹、现代地标，认识真正的莫斯科。这条全面而细致的旅游路线将让您对这座超级都市全面概览一番。

上图：马涅什广场上的历史博物馆

地球的每个角落都有其美丽之处。如果你想发现每个地区的独特魅力，如果你想找到值得驻足观赏的景物、震撼人心的去处、美味的餐厅……那么这份定制的深度游攻略再合适不过了。

09:00 当克里姆林宫尖塔顶上的红宝石五星在晨晖中闪烁，整个 ❶红场→P.39 尚未从沉睡中完全苏醒的时候，正是出发的最佳时刻。环绕广场一周，坐上回到遥远过去的时光机：伊凡雷帝的圣瓦西里主教座堂美丽如画，彼得大帝的审判台阴森可怖，尼古拉二世青春艺术风格的古姆商场，直到朴素庄严的列宁墓。一条马路从历史博物馆旁边经过，向这座城市伸展开去。靠右行走，前往斯大林时

❶ 红场

莫斯科

❷ 售货亭

❸ 普希金纪念碑

❹ 灯塔俱乐部

期建造的大型豪华酒店——莫斯科酒店（Moscow Hotel）。酒店对面常有一些小木屋❷售货亭，附近的卡尔·马克思（Karl Marx）雕像日夜注视着这片地方。在这些经营项目时常变换的小木屋，有时能品尝到自制的美味果酱，有时能购买新鲜烘焙的糕点。从地下穿过剧院巷（Teatralniy Proyezd），经过莫斯科大剧院，直到库兹涅茨克桥地铁站。在这里乘坐地铁7号线至普希金地铁站。从❸普希金纪念碑→P.56出发，散步穿过林荫环路公园，近1千米后到达复活大教堂（Christ's Resurrection Church）所在的小山丘，普希金正是在这座教堂举行的结婚仪式。此时到了中午，可以前往环境舒适的❹灯塔俱乐部→P.98享用午餐，过去这里是电影明星们常出入的地方。旧时代的家具和风味浓郁的俄式大餐，让这里持久散发着一种亲切而毫不庸俗的魅力。马

独特体验之旅

雅可夫斯基剧院（Mayakovsky Theater）也位于同一个建筑内。剧场的演员不在台上表演的时候，常混迹于俱乐部中，所以往往能看到顾客中间夹杂着一些化浓妆、穿戏服的人，颇为有趣。午餐过后，继续向南走，前往❺老阿尔巴特街→P.52。沙俄时期，这里生活着许多艺术家和作家——比如果戈里和普希金。漫步街头，经过鳞次栉比的纪念品商店和三三两两的街头艺人，来到苏联的摇滚传奇维克多·崔（Viktor Tsoi）的❻纪念墙前。这位朝鲜裔俄罗斯歌手在1990年的一场车祸中不幸丧生，年仅28岁。直到今天，他的粉丝们仍怀着无尽追思，在这面墙上写下"崔还活着！"。如果您抽烟的话，此时可以奉上一支以示悼念——墙上的小壁龛里也常放着一包敬献给他的香烟。

13:00 回到阿尔巴特街的最东端，坐上公交车（31路或44路），两站后在❼基督救世主大教堂→P.54下车。参观这座全球最大的东正教堂。接下来在教堂后面的主教大桥上欣赏克里姆林宫的全景。如果没有人看着的话，现在正是来一张莫斯科自拍的好时机。❽牧首大桥（Patriarch's Bridge）横跨在莫斯科河的两端，河对岸是曾经的巧克力工厂❾红色十月→P.57。如今这一带已成为画廊、工作室和餐厅的荟萃之地。在斯特雷卡酒吧→P.102的天台来一杯俄罗斯经典鸡尾酒"莫斯科骡子（Moscow Mule）"，一边欣赏莫斯科河的波光粼粼。酒吧和斯特雷卡学院之间的天井内可以打印自拍照。这款冲印照片的自助机器叫BOFT，现在莫斯科有许多这种自助机。沿着河岸，往市中心方向散步至❿博洛特纳亚广场（Bolotnaya Square）。每到夏季，这里是游船的起点——一个从水上认识莫斯科的好机会。随着游船缓缓而行，左边经过高尔基公园和尼斯库奇内花园（Neskuchny Garden）。如果坐在船右侧，可以欣赏莫斯科的城市建筑。高大宏伟的乌克兰酒店（Hotel Ukraina）是全程的亮点。不久之后，游船停靠在基辅火车站。在此登上地铁，前往库尔斯克地铁站。

出站后穿过一座桥就到了⓫温萨沃德文化中

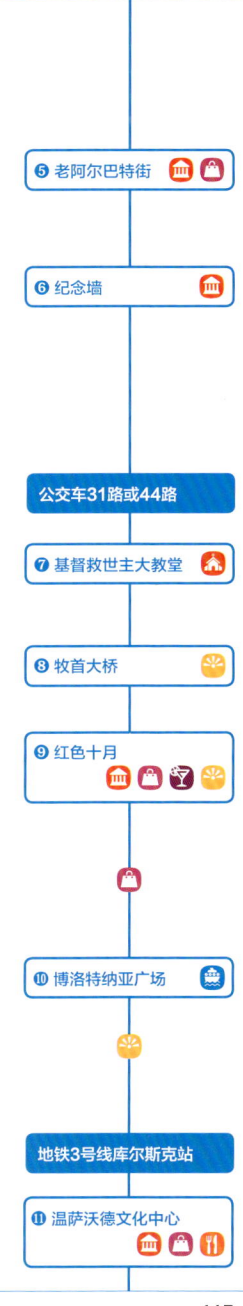

莫斯科

心→P.100。曾经的葡萄酒厂内汇集了若干画廊，还有书店、珠宝店和俄罗斯本土设计师的时装店。这里有一家"女朋友的衣橱（Shkaf Podrugi）"值得光顾。商店一楼可以租借俄罗斯设计师设计的晚礼服，对于"小预算大野心"的莫斯科女人来说正中下怀——当然允许试穿！如果无意于锦衣华服，可以向前走几个门到"33 1/3"号。店里的新老黑胶唱片和数不清的唱片机静候着人们的光临——来挑选一张播放，让音乐在小店里流淌。经过一些珠宝店和纪念品商店之后，来到极具魅力的咖啡厅 ZurZum Café→P.73 享用晚餐。伴着温暖柔和的灯光，回顾一天的精彩旅程，并点一道俄罗斯经典汤品——杂拌汤、蘑菇汤或是罗宋汤，再来一扎餐厅自制的柠檬水——尝尝用黄瓜片调制的新口味！

⑫ 莫斯科大剧院 🏛 🍷

18:00 坐出租车到 ⑫ 莫斯科大剧院→P.96，路上需要预留充足的时间。如果是工作日，此时正值下班高峰期，坐车要花大概45分钟。幸运的是，莫斯科的晚间演出很少准时开场。在红色和金色交错装饰的华丽大厅，无论是欣赏芭蕾舞表演还是音乐会，都一定要 当地锦囊 ▶ 借一副观剧望远镜。费用并不高，带来的享受却是加倍的——而且这里有个不成文的规定，等你看完演出，来到长排的衣帽柜时，可以优先取回外套。

❷ 莫斯科购物之旅——在庭院、拱门和长廊之间闲庭信步

🚶

🏛 ❈ 🍷
👜 ❗
☕ 🍴

起点：❶ 契诃夫地铁站
终点：❿ 古姆国立百货商店

路程：
➡ 3千米

6小时
步行时间
45分钟

费　用：¥ 门票约人民币65元，俄罗斯饺子约50元，鱼子酱约300元。

这条漫步之旅带您走过莫斯科内城最具活力的地方。旅程主要在步行街展开，让您感受市井之间的蓬勃与朝气——不仅可以体验莫斯科奢华的一面，又能品味丰盛大餐，享受手工制作的传统佳肴带来的愉悦体验。在轻松悠闲的走街串巷中，一边寻觅俄罗斯特色纪念品，一边收获旅行的快乐吧。

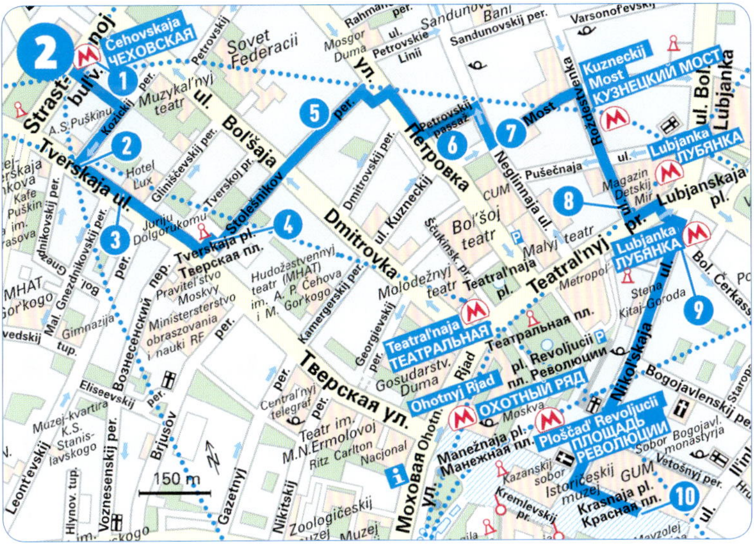

独特体验之旅

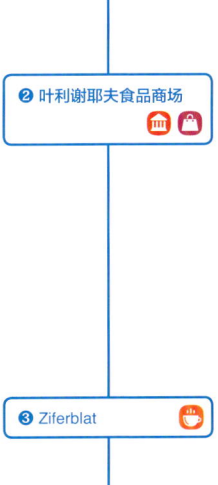

10:00 ❶ 契诃夫地铁站旁边的斯特拉斯诺伊大道（Strastnoy Bulvar）4号有一个巨大的拱门。走进拱门，一排错落有致的后院内是形形色色的小酒馆和餐厅，路尽头是科兹斯基巷（Kozitsky Pereulok）。这些密集的建筑都建于沙俄时期。如果您向右转走到特维尔大街，街角便是俄罗斯最美的食品商店。❷ 叶利谢耶夫食品商场→P.86青春艺术风格的购物大厅极尽豪华，全城再没有哪家商店能将食品演绎得如此摄人心魄：深色木架上的俄罗斯风味果酱令人眼花缭乱，完美无瑕的水果在灯光的映照下光鲜夺目，冷藏柜里的鱼子酱保持本店一贯的味道，盛在锃亮的银碗里。如果想买鱼子酱罐头作为纪念品，最好等到旅程尾声再去买，因为前面路还长。出店后，沿着特维尔大街，朝着克里姆林宫方向继续向前走。特维尔大街12号是钟点咖啡馆 ❸ Ziferblat→P.73的一家分店。想要找到咖啡馆正确的入口，就在砖墙上找这样一张图片：画上的男人穿着西装戴着帽子，脸却是一个钟表。每个顾客进店时都会领到一个古旧的老式闹钟——这里是按照在店里的时长来计费的。您可以悠闲地从走廊里摇摇晃晃的架子上续一杯香草茶、取一点饼干。也许

❶ 契诃夫地铁站

❷ 叶利谢耶夫食品商场

❸ Ziferblat

莫斯科

红场和卢比扬卡之间繁华的购物步行街尼古拉斯卡亚大街

❹ 尤里·多尔戈鲁基大公骑马雕像

❺ Lepim i Warim

❻ 彼得罗夫斯基购物长廊

还可以结识新朋友,因为这里的氛围十分自在开放。

🕧12:30 继续沿着特维尔大街向前走,不久就能清楚地看见克里姆林宫的一座角楼。雄伟庄严的 ❹ 尤里·多尔戈鲁基大公骑马雕像 提醒着人们,如今这一派繁华应追溯到谁:正是多尔戈鲁基创建了莫斯科。从这里向左转,逃离特维尔大街的熙攘人潮。顺着斯托列什尼科夫巷(Stoleshnikov Pereulok)走到第一个十字路口。左边的视野范围内可以看见俄罗斯议会上院联邦委员会(The Federation Council of Russia)大楼;不过仍然向前直走到步行街,那里接二连三的奢侈品店橱窗令人赏心悦目。然而您眼前的目标更实惠,绝对也是俄罗斯特色享受——俄罗斯饺子。在左手边的其中一个后院可以发现小咖啡厅 ❺ Lepim i Warim →P.79。在柜台前找找看想吃哪种馅的饺子——肉馅是经典口味,鲑鱼和梭子鱼馅更好消化,或者 当地情调 更高档的墨鱼黑皮裹蟹肉馅?再从冰柜里拿一瓶啤酒就饺子。吃饱继续上路!斯托列什尼科夫(Stoleshnikov)步行街走到底向右转,经过俄罗斯联邦总检察院(The Prosecutor General's Office of the Russian Federation)的列柱门廊,来到 ❻ 彼得罗夫斯基购物长廊 →P.88 的大门口。这座青春艺术风格的建筑极具观赏价值,其豪华程度堪比古姆国立百货商店,然而顾客却寥寥无几。从长廊穿出后,对面是中央银行(The Bank of Russia)。向右走200米,这里有一座新殖民风格的 促姆(Tsum)购物中心格外引人注目。接着从这里向左转到热闹的库兹涅茨克桥大街(Ulitsa Kuznetsky

独特体验之旅

Most），不久就到了马路右侧的 ❼ 苏联游戏机博物馆→P.45。博物馆入口处可以领到一纸袋古旧的苏联时期硬币戈比，用它们便可以激发一个个老式游戏机被时光尘封的魅力，获得无穷乐趣。

15:30 继续沿着库兹涅茨克桥大街向前走直到罗日杰斯特文卡街（Rozhdestvenka Ulitsa），在这里向右转。小路的尽头便是超大型的老字号玩具商场 ❽ 儿童世界。置身商场内，立刻会被五彩斑斓的玻璃屋顶攫取视线。这里有个友情提醒：如果逛儿童世界，最好预留一些时间和钞票。圣瓦西里升天大教堂的3D拼图？乐高积木搭建的克里姆林宫？在楼层之间四处逛逛吧。绕过马路对面建筑风格独树一帜的鹦鹉螺（Nautilus）购物中心，来到古老的 ❾ 尼古拉斯卡亚大街→P.45起点处。大街两侧是华丽典雅的建筑和商店，时尚前沿和古老经典交汇于此，散发出迷人的魅力。在这里或许可以买一个俄罗斯圣人的纪念品盒作为回程的小礼物？这段旅程终止于 ❿ 古姆国立百货商店→P.42。在古姆门前可以回顾红场，并且欣赏不远处的克里姆林宫和列宁墓。最后在商场底层的酒吧来一杯俄罗斯最大的葡萄酒庄阿伯劳-杜尔索（Abrau-Durso）出产的起泡酒。贴着青绿色外框标签的天然干型起泡酒是西方人喜欢的典型口味。

❼ 苏联游戏机博物馆

❽ 儿童世界

❾ 尼古拉斯卡亚大街

❿ 古姆国立百货商店

③ 莫斯科地铁之旅——灿烂辉煌的地下宫殿

起点：❶ 革命广场 终点：⓫ 猎人商行	**半天** 乘车时间 1.5小时
路程：➡ 20千米	
费　　用：	¥ 每张地铁票约人民币5元，餐饮约190元。
注意事项：	地铁的多次票（2~60次）或者日票（约人民币22元）价钱更划算。地铁3号线和4号线虽然都有"阿尔巴特站"，但是站点的位置不一样。尽量避开工作日的上下班高峰期。周末的地铁之旅要轻松得多。如果晚上出行，应该注意的是，凌晨1:00前必须离开地铁站，因为地铁站在此时关闭。

莫斯科

★莫斯科地铁每日运输乘客约900万人次,相邻车次的时间间隔通常只有一两分钟。与此同时,莫斯科地铁还是展现科技、建筑和时代精神的博物馆。游览地铁站像是一次斯大林时代地下宫殿的探索之旅。这个神秘世界的入场券只要50卢布——买张地铁票,就能在地铁站关闭之前一直待在这个地下世界。

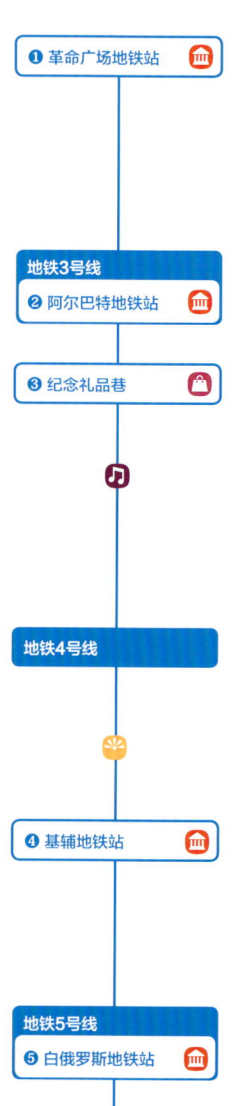

10:00 在 ❶ 革命广场地铁站,一条自动扶梯向下延伸至站厅。这个1938年开放的大厅内有许多红色的大理石拱门。站台两边各有一排铜色的英雄雕像守卫于此:有工人、农民、少先队员、大学生、带着军犬的边防战士——可以像莫斯科人那样摸摸狗鼻子祈求好运。正是因为当地人的这个习惯,军犬的鼻子一直闪烁着金色的光芒。在1号站台乘坐地铁3号线前往 ❷ 阿尔巴特地铁站,该地铁站于1953年斯大林逝世之后才开放运营。优雅的站台大厅里,从红色大理石基座向上撑起一个个洁白耀眼的圆拱。乘坐向上的自动扶梯,插入一段地面上的短暂旅程:出了地铁站后紧靠左边走,走进 ❸ 纪念礼品巷。每到夏季夜晚,常有乐队在这个街角登台表演。小巷中的一个商铺里有一排排俄罗斯特色麻鞋,非常适合当作伴手礼——关键是还很轻便。在小巷的尽头向左转,来到一处具有亚洲特色外观的红色石亭前,其设计应该是受到了苏联红星的启发。从这里再次踏入地铁站,在1号站台登上浅蓝色的4号线,乘坐2站。尽量找到一个靠窗的座位,并且准备好照相机或者智能手机:因为不久地铁就将穿出地面,此时您眼前豁然开朗,然后发现列车正颠簸在莫斯科河之上。无论坐在地铁的哪一侧,都能欣赏到令人心旷神怡的壮丽河景。

11:00 在 ❹ 基辅地铁站,一幅巨大的马赛克壁画旨在歌颂俄罗斯和乌克兰团结统一的300年历史。经过站厅中央的换乘通道前往地铁5号线。这条环线据传说是来自斯大林的创意:当城市规划师向他展示地铁线路网的设计图纸时,这位领袖把杯子放在了图纸中央。当他抬起杯子时,图上留下了一圈深色的咖啡印,正好把现有的地铁线路连在了一起。从基辅地铁站乘坐5号线,到达洁白素雅的 ❺ 白俄罗斯地铁站。站厅内镶嵌着12幅以白俄罗斯为主题

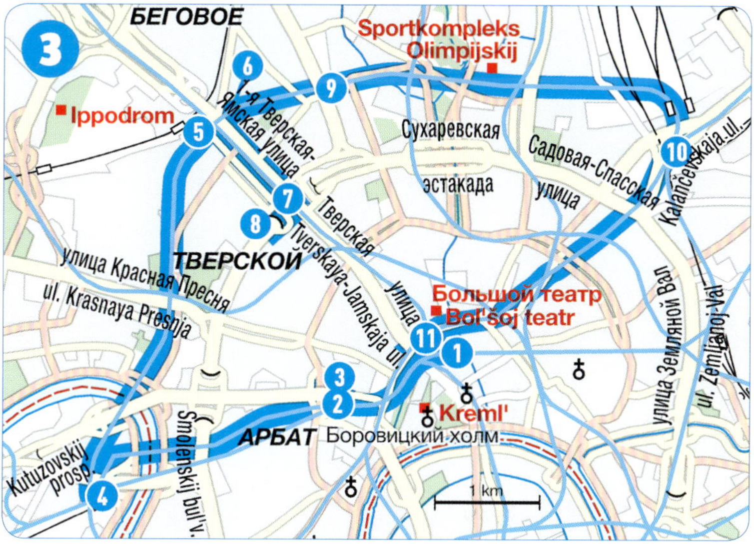

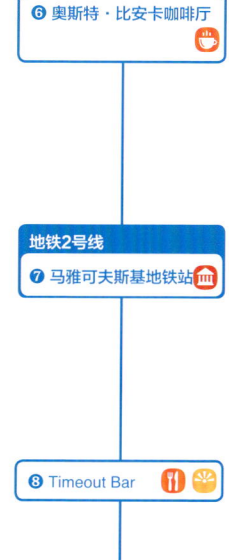

的大理石马赛克壁画。从这里再次出站，背着地铁行进的方向。回到地面上，可以看见一座小巧而古老的教堂，四周却被现代的高楼大厦包围，如此反差令人惊叹。在❻奥斯特·比安卡咖啡厅（Osteria Bianca 🏠 Ulitsa Lesnaya 5 🕒 每日 @ osteriabianca.ru）点一杯意式浓咖或者美式咖啡，还可以来一个特色的“头像冰淇淋”。这种放置在高柄托盘上的冰淇淋外形是名人头像，有玛丽莲·梦露（Marilyn Monroe）、绝地武士达斯·维德（Darth Vader）或者马雅可夫斯基等形象可供选择。短暂的补给为接下来的行程补充能量，喝完咖啡休息过后从白俄罗斯站乘坐绿色的地铁2号线前往❼马雅可夫斯基地铁站。站台立柱上锃光瓦亮的不锈钢圆拱会传导声音——据说站在一边能听到另一边的窃窃私语。不过要想等到一个足够安静的时机来验证这点，需要很大的耐心。再次出站后，走几步就到了北京饭店（Hotel Peking 🏠 Ulitsa Bolshaya Sadovaya 5 @ www.hotelpekin.ru）。穿过略显平淡的门厅，乘坐一部狭小的电梯来到楼上的酒吧❽Timeout Bar。传统的苏联式奢华装饰和现代设计融合在一起，形成这里独特的氛围。坐在吧台边，头顶是浮

❻ 奥斯特·比安卡咖啡厅

地铁2号线

❼ 马雅可夫斯基地铁站

❽ Timeout Bar

莫斯科

夸的天花板壁画，站在天台上，可以多方位地俯瞰这座城市。厨师们极具创意地将俄罗斯菜中的传统配料和国际菜式结合在一起：首先是红菜头小面包汉堡，其次是胡萝卜蛋糕加酸模冰激凌。

13:30 旅程又折回到白俄斯站，从那里换乘地铁5号线前往 ❾ 新村庄地铁站（Novoslobodskaya）。色彩缤纷的彩绘玻璃图案变化万千，令人赏心悦目。接下来继续乘坐地铁前往 ❿ 共青团地铁站。它大概算是莫斯科最美的地铁站。明黄的墙壁、洁白的浮雕、复古的吊灯和天花板马赛克壁画——需要细细品味，才能发现这华丽装饰中震撼人心的美。然后根据指示牌的标示换乘地铁1号线。1号线的共青团站属于莫斯科地铁最早建造的地铁站。从这里只要乘坐4站就回到了本次旅行的起点革命广场站，不过在1号线上它叫 ⓫ 猎人商行站，和这里的著名购物中心→P.88同名。为了庆祝自己圆满地完成这次地铁之旅，可以在猎人商行逛一逛。最顶层圆形拱顶旁边的商店Fashion Profession，出售一些知名度略低的俄罗斯设计师的作品。这里的一切虽无关潮流，却是纯粹的手工制品：在人造皮毛和服装饰品之间，墙上一个个小格子里是用心制作的针织品——不只有帽子、围巾和手套，还有披肩、袖边和斗篷。真让人难以取舍！

❹ 莫斯科文化之旅——走进老城区，追寻大文豪们的足迹

起点：❶ 圣三一桥 终点：❿ 基里亚·丹尼耶画廊		半天 纯步行时间 2小时
路程： ➡ 8千米		
携带物品：	¥ ❸动物学博物馆门票：约人民币19元，自行车 ❺ Velobike租金约28元，❽高尔基博物馆摄影许可约10元。	
注意事项：	如果想体验在莫斯科自行车骑行的乐趣，出行前请在手机上预装好应用软件 ❺Velobike（@ velobike.ru/en）。	

独特体验之旅

这条路上遍布俄罗斯文豪的足迹,比如普希金、契诃夫和高尔基。散步穿过两个美丽的莫斯科老城区,接着再参观一下克里姆林宫。沿途经过一些不错的咖啡厅,让人得以放松休息。还可以在一家画廊里四下求索,寻觅那些大作家们得以汲取快乐与灵感的源泉。

10:00 从克里姆林宫的主入口出来,走过 ❶ 圣三一桥,从底下穿过莫霍瓦亚大街(Mohovaya Ulitsa)来到沃兹德维任卡大街(Vozdvizhenka Ulitsa)。左边竖立着 ❷ 陀思妥耶夫斯基纪念雕像(Monument to Dostoyevsky)。用石头雕刻的作家端坐在俄罗斯国立图书馆(Russian State Library)前,像是在沉思。这家图书馆是全世界第二大图书馆。向右转走进狭窄阴暗的罗曼诺夫巷(Romanov Pereulok),这里曾经是斯大林时代的重要干部居住的地方。一块块沉重的纪念碑上镌刻着那些历史人物的名字,让人追忆那个时代。到了波尔沙亚·尼基斯塔亚大街(Bolshaya Nikitskaya Ulitsa),视野又明亮起来。右边是克里姆林宫,正对面可以看见一座涂成蓝色的建筑——❸ 动物学博物馆(Zoological Museum 🏠 Bolshaya Nikitskaya 6 🕐 周二、周三、周五至周日10:00—17:00,周四13:00—21:00,每月最后一个周二闭馆 @ zmmu.msu.ru/en)。进馆参观,和猛犸骨架打个招呼,它正立在略显拥挤的楼梯间里。馆里的陈设虽然没有表现出现代博物馆的理念,但是填充大熊标本还是能让人大吃一惊,用福尔马林保存的小动物标本则令人不寒而栗。

11:30 接下来沿着 ❹ 尼基斯卡亚大街(Nikitskaya Ulitsa),朝着克里姆林宫的反方向往前溜达。当左边出现了莫斯科音乐学院→P.100和柴可夫斯基纪念雕像(Monument to Tchaikovsky)的时候,走过雕像来到大门口,花一点时间享受一个短暂的私人音乐会吧:3栋相连的大楼里,总有某个窗户飘出袅袅的美妙音乐,有时是音乐学院的学生在歌唱,有时是在弹奏乐器。即使到了冬天也还是很有机会,因为俄罗斯的大楼内正如传闻的那样暖气开得

沉思中的陀思妥耶夫斯基雕像

❶ 圣三一桥

❷ 陀思妥耶夫斯基纪念雕像

❸ 动物学博物馆

❹ 尼基斯卡亚大街

莫斯科

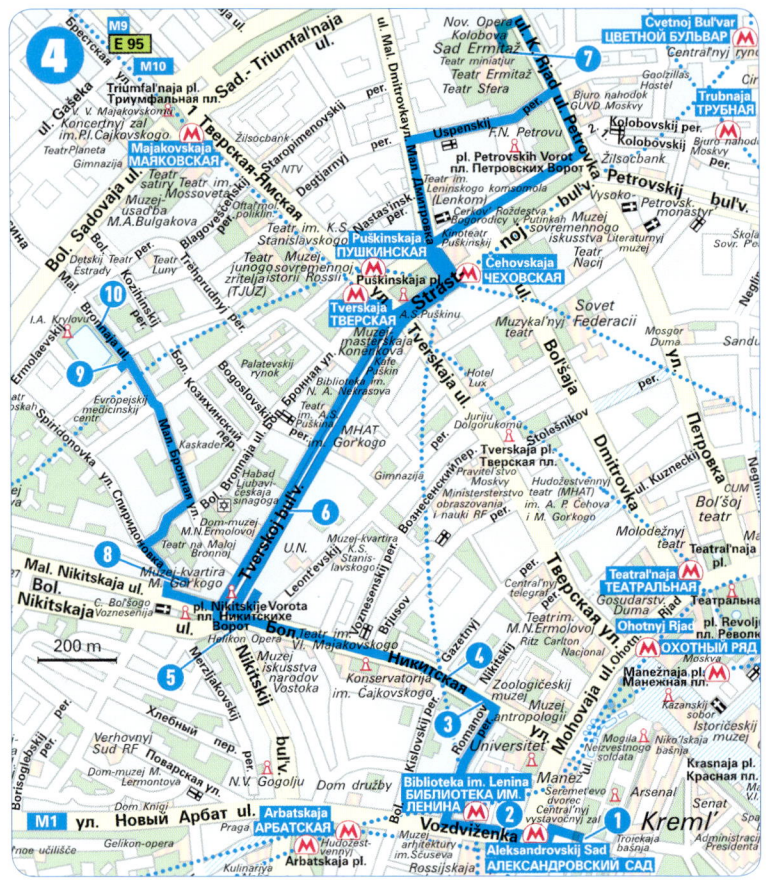

太足,以至不得不开窗通风。这条街上有若干家咖啡厅,最值得推荐的有两家:如果风和日丽,就去葡萄酒餐厅 当地推荐 Prostije Weschtschi(🏠 Bol'shaya Nikitskaya Ulitsa 14/2 🕐 每日 @ gastroteka.ru)。坐在庭院内枝叶繁茂的大树下,安静地享用一份俄罗斯风味的普切塔——酥脆的烤面包片铺上咸鱼、苹果和谷物芥末。如果风雨交加或者天气寒冷,则往前走几家,再爬一段楼梯到咖啡厅 🌐 Receptor(🏠 Bolshaya Nikitskaya 22/2 🕐 每日 @ cafereceptor.ru)。店里提供的各色餐点中包含了蟹肉乌冬面和菠菜杜果沙拉。

独特体验之旅

13:00 俄罗斯国家通讯社塔斯社（TASS）的总部位于尼基斯卡亚大街和林荫环路的交会处。这里有一个 ❺Velobike 自行车租赁点。借一辆自行车沿着环路朝东北方向骑行，也就是从目前散步的方向往右转，最好是骑在没有汽车通行的"绿道"上。这一带时常会有新景观，从夏天的大型摄影展到冬天壮观的灯光装置，莫斯科借此进行城市形象的推广。这些灯光装置有一部分安装在路面上，成为驱散冬日阴霾的一抹亮色。即便不为这些，❻ 林荫环路→P.39 凭借其年深日久、遮天蔽日的大树和隐于闹市的清静所在也足够令人向往。到了彼得罗夫卡大街（Petrovka Ulitsa）向左转，不久就到了 ❼ 艾尔米塔什花园（Ermitage Garten）。找一条长椅坐下来喘口气，聆听小亭子里传出的音乐。古典乐、爵士乐、流行乐、民族乐——演奏的内容时常变换。休息过后往回骑，及早将自行车归还。

14:30 横穿林荫环路并且向右转到斯皮里多诺夫卡大街（Ulitsa Spiridonovka）。如果对青春艺术风格建筑感兴趣，一定得拜访一下位于街角的 ❽ 高尔基故居博物馆→P.55。记得在入口买一张摄影许可证，并且套上塑料鞋套，然后再尽情参观这位大作家的房子。一进室内，目光立刻会被宽大的石头楼梯扶栏吸引。源自植物世界的创作灵感令它仿佛注入了生命的活力。经过诗人亚历山大·勃洛克的雕像（Monument to Alexander Blok）之后，向右转入一条羊肠小道，它引您来到马来亚·布朗纳亚大街（Malaya Bronnaya Ulitsa）。顺着这条热闹的大街一直走到 ❾ 牧首塘→P.55——一大片中产阶级生活区的中心。徜徉在池塘四周——也许您会发现一个特别的指示牌，上面的3个人物图案源自布尔加科夫的著作《大师和玛格丽特》。它警告人们不要和陌生人说话。常有书迷把它摘抄下来，并奉为圭臬。最后花一点时间参观一下池塘东北边的 ❿ 基里亚·丹尼耶画廊（Kirilla Daneliya 🏠 Malaya Bronnaya 36 🕐 每日12:00—21:00 @ fcg.ru），四处欣赏一下中国的马雕、持刀的日本武士画像和佛陀画像。

带着孩子旅行

实验博物馆（Experimentanium）

蒸汽是怎么产生的？电是怎么从插座流出的？实验博物馆有超过300个互动展台，可供孩子们体验自然现象。全部允许用手触摸并且亲手操作！此外还有一个大礼堂和一个实验室，孩子们可以根据指导说明，自己进行探索。所有讲解只有俄语。🏠 Leningradsky Prospekt 80/11 🕐 周一至周五9:30—19:00，周六、周日10:00—20:00 ¥ 周一至周五450卢布（儿童），周六、周日550卢布（儿童），成人每位再加100卢布以上 📞 49 57 89 36 58 @ www.experimentanium.ru 🚇 地铁2号线，隼鸟站（Sokol）

菲利公园（Filyovsky Park）

这座公园，莫斯科人亲切地称呼它"菲利（Fili）"，是带着孩子们暂时逃开城市丛林，享受几个小时欢乐时光的好去处。除了不计其数的游戏场，公园内还有崭新的自行车道，莫斯科河边的<mark>当地锦囊▶一个游泳池和一片河滩</mark>。🏠 Ulitsa Bolshaya Filevskaya 32 🚇 地铁4号线，菲利公园站（Filyovsky Park）

卡丁车赛道（Kartodrom Pilot）

这条卡丁车赛道总长968米。当孩子们驾着卡丁车在赛道上转圈的时候，您可以在看台或者餐厅里坐着——或者自己也坐到方向盘后体验一把。全套赛车服、安全头盔和手套的费用都包含在价格内，速成班需另外收费。🏠 Proezd Shokalskogo 52 🕐 每日11:00—23:00 ¥ 500卢布起每10分钟（行驶时间）📞 92 57 72 25 89 @ www.ruskart.ru 🚇 地铁6号线，梅德韦科沃站（Medvedkovo）

<mark>当地锦囊▶库克拉乔夫猫剧院</mark>（Kuklachev Cat Theatre）

这里大概是猫驯人，因为反过来行不通——剧院院长古克拉乔夫（Kuklachov）这样说道。剧院的节目丰富多彩，而演员就是十几只猫、小丑们还有一只狗。剧院办公室每日11:00—18:00开放 🏠 Kutuzovsky Prospekt 25 ¥ 1 000卢布起 📞 49 92 43 40 05 @ www.kuklachev.ru 🚇 地铁4号线，库图佐夫站（Kutuzovskaya）

儿童俱乐部（Detsky Club Arlekino）
（折页 K12）

13岁以下儿童嬉戏娱乐的上佳之选。这里提供看护服务，无论是小朋友们发现了一片色彩缤纷的玩乐之

> 莫斯科算不上是孩子们的天堂，不过这里还是有一些趣味无穷的游玩场所的。

地，将自己涂得五颜六色，还是想装扮成哈利·波特。每天都会上演木偶剧，届时有小丑和马戏团演员登场。各式各样的参与项目让孩子们收获无限快乐。俱乐部内通用俄语。每位儿童入场费为400卢布，周五和周末为600卢布。成人陪同每位50卢布。 🏠 Verkhnyaya Radishchevskaya Ulitsa 19/3 🕒 周一至周五13:00—22:00，周六、周日12:00—22:00 📞 49 59 15 11 06 @ www.arlecino.com 🚇 地铁5、7号线，塔甘卡（Taganskaya）

尼库林马戏团（Nikulin Circus）（折页 G7）

如果坐在第一排，就有机会和有趣的小丑互动。这个莫斯科最古老的马戏团创建于1880年，并以俄罗斯最受欢迎的小丑尤里·尼库林（Yuri Nikulin）的名字命名。🏠 Tsvetnoy Bulvar 13 🕒 周一至周五11:00—14:00和15:00—19:00，表演至午休时间缩短为12:30—13:30 ¥ 400~2 500卢布 📞 49 56 25 89 70 @ www.circusnikulin.ru 🚇 地铁9号线，七彩林荫路站

索科尔尼基公园（Sokolniky Park）（折页 L-M 1-3）

一到夏天，位于城市东北角的索科尔尼基公园就化身旱冰鞋和自行车广阔的驰骋场地。到了冬天，这里便会搭建一个大型的溜冰场。公园内有绳索探险园、足球场和游泳池。1岁半以上的男孩和女孩们可以在儿童艺术宫跳舞、唱歌和演奏乐器。通用俄语。🏠 Sokolnichesky Val 1/1 🕒 24小时 🚇 地铁1号线，索科利尼基站（Sokolniki）

莫斯科动物园（Moscow Zoo）（折页 C-D 8-9）

动物园内总共有7 000种动物，其中猴园、北极熊馆和夜行动物馆最值得观赏。🏠 Ulitsa Bolshaya Grusinskaya 1 🕒 夏季每日10:00—21:00，其余时间10:00—17:00或18:00，根据日落时间闭园 ¥ 周一至周五400卢布，周六、周日500卢布，儿童免票 @ www.moscowzoo.ru 🚇 地铁5、7号线，红普列斯妮娅、路障站

每月节庆与活动

莫斯科的节庆活动次数很频繁，持续时间长，人们参与的热情高：新年旧岁更替的节庆活动从12月中持续到次年1月13日，即俄历新年。一些古老的传统也逐渐复苏流行起来。在大斋期开始之前，俄罗斯会举行为期一周的狂欢活动。就连来自苏联时期的节日，也一如既往地在固定节假日中有一席之地。从5月1日到5月9日，虽然官方规定工作日必须上班，但是民间几乎无人遵守。

在法定节假日，政府机构都停止办公，博物馆和商店则酌情开放。如果适逢节日在周六或周日，则放假自动顺延至下周一。

节庆活动

1月

当地锦囊▶ 洗礼节：1月19日当天，在许多公园里民众跳进冰水中以接受神的祝福。

1月25日，大学生节，所有大学都会举办宴会活动。

2月底/3月初

谢肉节：莫斯科在大斋期之前也会举行狂欢节，以布利尼宴会、化装游行、民俗表演和科罗缅斯科耶的三驾马车兜风等活动进行为期一周的狂欢。

3月至4月

"金面具"戏剧节（@ www.goldenmask.ru）：来自全俄罗斯的歌剧、芭蕾舞和戏剧剧团把表演搬上首都的各大舞台。

俄罗斯时装周（@ www.rfw.ru）：在时装展上，俄罗斯和国际上的设计师们齐聚一堂。

5月

契诃夫戏剧节（@ www.chekhovfest.ru）：俄罗斯和英国联合举办的戏剧表演活动，一直持续到秋天。

胜利日：每年5月9日，红场上会举行隆重的阅兵式纪念卫国战争。除此之外，当地锦囊▶ 市中心广场上还有二战老兵聚会和舞蹈表演等活动。

6月

莫斯科国际电影节（@ www.moscowfilmfestival.ru）；一年比一年更加国际化的莫斯科美食节（@ www.

源自宗教传统、苏联时期和国际上的传统节假日:莫斯科的节庆日兼收并蓄。

tastefestival.ru):莫斯科顶尖的厨师以非凡的创意开启为期3天的味蕾之旅。

7月

当地锦囊 阿菲莎野餐节(picnic.afisha.ru):7月底在科罗缅斯科耶有持续一整天的现场音乐表演。

9月

城市日:千万别错过这个莫斯科诞生的日子。莫斯科在每年的9月10日都会举办盛大的庆祝活动,主题时换时新,热烈程度堪比狂欢节——有丰富精彩的文化节目、音乐会和烟火表演。

国际军乐节:届时在红场上有来自各国的进行曲表演,此外还有流行乐和燃放焰火等助兴节目。

10月

当地锦囊 灯光节:流光溢彩的莫斯科大剧院,光芒四射的电视塔——充满艺术感的灯光投影,在深秋照亮莫斯科的名胜古迹。

11月

莫斯科国际图书博览会(@ www.moscowbookfair.ru):新文学作品和经典名著交相辉映。

节庆日

1月1日	新年
1月7日	圣诞节(东正教)
2月23日	卫国战士日
3月8日	国际妇女节
3月/4月	复活节
5月1日	劳动节
5月9日	胜利日
6月12日	俄罗斯独立日
8月22日	国旗日
11月4日	人民团结日

旅行随时查

网页／博客

www.moscowgreeter.ru 自2010年起这个团队就向游客提供免费的导览之旅。他们主要是来自外语专业的大学生,无偿带领客人们走进他们的城市(通用语言:英语)。

www.marcopolo.de/moskau 这个在线旅游向导提供所有重要信息:必游之地和旅行小贴士,交互式导航,扣人心弦的资讯报道和鼓舞人心的照片库。

www.dekoder.org 该网站帮助人们解码俄罗斯:来自俄罗斯的记者们以周报的方式提供俄罗斯新闻,并曾摘获大奖。

kudago.com 最好的莫斯科活动资讯网站,城中大小活动安排尽收囊中。虽然只有俄语网页,但是花一点费用翻译一下浏览器中的内容也还是值得的。

Instagram.com/fluteric 埃里克·施纳斯萨尔扬(Erik Shahnazaryan),莫斯科大剧院的笛子独奏演员,经常上传一些莫斯科建筑的照片,极具观赏价值。新作令人期待,旧作值得回味。

short.travel/mos1 每月更新著名景点之外的文化节目信息。从多角度贴近莫斯科市,了解其不为人熟知的一面。

www.englishrussia.com 这家英文网站的设计沿袭了苏联美学风格。网页上是精彩有趣的俄罗斯每日图片优选。

short.travel/mos2 在度假别墅烤羊肉串,克格勃白菜汤和东正教大斋期的完美煎饼。美食女博客主珍妮佛·埃列梅耶娃(Jennifer Eremeeva)常更新一些食谱和购物小贴士(语言:英语)。

> 无论是准备出行还是已到达,这些网址和信息都能够为您的旅行提供帮助。

short.travel/mos3　在莫斯科生活的外国人在这个互助平台上咨询和日常生活相关的信息。

www.kscheib.de　来自德国的俄罗斯博客主分享她在莫斯科的日常生活和照片,从普京纪念品到俄罗斯超市的特色商品。

short.travel/mos4　来自一档每周英语新闻节目的珍稀彩色照片,展现了1965年的莫斯科。

short.travel/mos6　每到主显节,入冰水洗礼对于虔诚的俄罗斯人来说是一项义务——有神职人员陪同。

short.travel/mos7　这些俄语小课堂通俗易懂,方便掌握。

视频／音乐

Gett　这个应用软件可以在城市地图上显示离您最近的出租车在哪里。每次行程结束后可以对司机的服务进行评价。价格实惠(语言:英语)。

Archanoid　一款简单的小游戏,其后却蕴含了丰富的背景知识:它介绍了许多古老建筑的历史,这些建筑在过去的这些年间,因为新建筑的崛起而不幸沦为牺牲品(语言:英语)。

Yandex Metro　交互式的地铁线路规划是出行导航的好帮手,帮您找到从A到B的最佳路径(语言:英语)。

Google Translate　一款十分成熟的翻译软件,它不只能翻译几个单词,甚至包括用手机镜头框入的文章。

Memrise　如果想在旅行前学习一下西里尔字母,这里有一些另辟蹊径但是十分高效的特殊记忆法(语言:英语)。

Apps

本出版社对以上网址提供的内容概不承担法律责任。

实用信息

抵达

🚆 从北京出发前往莫斯科的国际列车共有两趟。其中K3次列车经停乌兰巴托，运行约127小时后到达莫斯科，K19次列车运行时间约143小时。

✈ 北京到莫斯科的往返机票价格大约人民币3 000元起。单程需7小时。莫斯科3个最重要的民用机场均非常现代化，并且拥有十分便捷的轨道交通。只要乘坐机场快线列车Aeroexpress，40分钟后便可到达莫斯科市中心。单程费用为420卢布。从多莫杰多沃机场（Domodedovo）可到帕韦列茨火车站（Paveletskaya），从伏努科沃国际机场（Vnukovo）到基辅火车站（Kiyevskaya），从谢列梅捷沃国际机场（Sheremetyevo）到白俄罗斯火车站（Belorussky）。在火车站就能十分方便地换乘地铁了。如果要去新建的茹科夫斯基机场（Zhukovsky），目前为止只能从科捷尔尼基（Kotel'niki）和维欣诺（Vykhino）乘坐大巴，或者从喀山火车站（Kazansky）乘坐电气列车前往奥特迪克火车站（Otdykh），再乘坐摆渡车到机场。行李很多的话建议通过手机APP或者出租车停靠点叫个的士（费用约人民币150元，也就是900卢布到1 200卢布）。要是遇上堵车，往市区方向的乘车时间会延长。乘坐班车不会更快，但是绝对便宜得多，到最近的地铁站票价大约120卢布。

绿色出行

旅行时，您也可以改变世界，比如时刻提醒自己在旅程中尽量选择较少二氧化碳排放的交通方式，学习如何以环保的方式规划您的路线。同时也要注意，尽量保护旅行国家的自然和文化。作为游客，保护自然环境、保护区域特色、减少自驾、节约用水等保护生态环境的举措是非常重要的，请务必多加关注。

问询

游客服务中心

莫斯科是一座好客的城市。在新建的扎里亚季耶公园、古姆国立百货商店、科罗缅斯科耶和胜利广场均设有游客问询中心。一条热情友好的英文热线提供各大景点及其他问题的咨询请拨打 📞 8 80 02 20 00 02。地铁站的失物招领处联系 📞 49 52 22 20 85。

银行/货币

市中心的各个角落都有货币兑换亭和银行自动柜员机，商店内也常能找到。在自动柜员机可以提取美元和卢布，不过大多数情况下一次提取的最大限额是7 500卢布。是否收取手续费，须依照银行卡所属银行的规定。不要在大街上兑换货币，最好去银行，在俄罗斯外贸银行（VTB Bank）兑换金额超过300欧元免收手续费。

从开始到结束：旅行中不可或缺的信息。

许多商店和大多数酒店都接受国际信用卡和借记卡。

水上之旅

● 雷迪森（Radisson）船队带顶棚的游船每日发船，包括冬天。单日最多安排8次航程，起点分别位于高尔基公园和乌克兰酒店（折页 B10）前面。单次航程时长2.5小时，票价为750~1 000卢布。游船途经新圣女修道院，高尔基公园和克里姆林宫，并在克里姆林宫附近折返回到起点。

另一条价格更低，耗时更短的水上路线是由都市航运公司（¥ 600~800卢布 @ cck-ship.ru）提供的90分钟轻松游。每年的4—10月，游船从基辅火车站（折页 B12）出发，最后停靠在新斯帕斯基桥（Novospassky Bridge）码头，发船时间为上午11:00—21:00，每20分钟一班。

入境

只有出示正式的邀请函或者俄罗斯旅行社签发的确认函，以及旅游结束后6个月仍有效的旅行护照，才能获得俄罗斯大使馆签发的签证。旅行社在这方面会予以协助。抵达莫斯科后，必须在7个工作日之内办理居留登记。通常情况下，酒店或者房东会代为办理。入境时领取一张填写好并盖章的出入境单，出境时交还海关。

它们值多少钱

咖啡	人民币15元 一杯卡布奇诺
伏特加	人民币30元 一瓶（0.5升）
博物馆	人民币20~60元 一张门票
纪念品	人民币38元 一组俄罗斯套娃
地铁	人民币5元 一张单程票

自行车租赁

自行车租赁公司 ● Velobike在莫斯科共有大约300个租车点。每年的5—10月提供租车服务。租借这种鲜红亮眼的自行车首半个小时免费，日卡价格为150卢布。归还时须将车放置于任一站点内，如有违反，必受重罚！借车前登录 @ www.velobike.ru/en 进行注册，使用信用卡支付并得到一个站点开锁密码。注册时手机必不可少，租车时可有可无。在网页上可以下载从站点提车的电子卡。

医疗

药房

莫斯科市中心到处都有药房。它们大多数是24小时营业。许多药物无须处方便可购买。

莫斯科

票务

通过酒店就可以订购戏票和音乐会门票。也可以表演开场前半小时在剧院门口,向私人购买高价票。

服装

女士们在莫斯科最好随身携带一条轻便的丝巾。这样就不用使用教堂和修道院提供的头巾,因为它们被一个接一个来访者佩戴,不大干净。除此之外,所有的宗教场所通行的原则是:着装不露肩,男士穿长裤。

公共交通

地铁(www.mosmetro.ru)是最快的交通工具,运营时间从早上6:00至次日凌晨1:00。不过上下班高峰期(8:00—10:00,18:00—20:00)地铁里总是挤得水泄不通。在地铁站厅的售票处或者自助机(最多两次行程)可以购买地铁票(单程50卢布)。过闸机时将地铁票放在感应区,一旦绿灯闪烁,迅速通过闸机,否则闸门挡板就会打到您的腿。只要不出站,持有一张车票随意乘多久都可以。也可以购买多次卡,比如三合一卡(50卢布)折算下来单次行程只需要35卢布。在换乘站存在"同一站点多个名称"的情况。比如在绿线特维尔站可以换乘紫线的普希金站或者灰线的契诃夫站。

莫斯科公交车的运营时间是从早上5点至次日凌晨2点。可以直接向公交车和有轨电车的司机或者乘务员买票(50卢布)。公交车也适用多次卡,比如三合一卡。

营业时间

全市没有统一的营业时间。大多数食品商店是24小时营业,其他商店10:00—21:00,时装店一般上午11点才开门。百货商店、购物中心和小摊贩通常22:00关门或者24小时营业。集市:周一至周六8:00—19:00,周日8:00—16:00。

邮局

俄罗斯邮政的口碑并不太好,常被视为低效和不可信赖。想买明信片推荐去老阿尔巴特街(折页D-E11)。一封寄往国外的邮件需要贴一张30卢布的邮票,并且只能在邮局购买。一般情况下,邮局的营业时间 🕐 周一至周五8:00—20:00,周六9:00—18:00,周日9:00—14:00。城中的信箱寥寥无几。它们和邮局一样都是统一的蓝色。市中心的邮政分局中有两家各位于新阿尔巴特街(折页 E10)(🏠 Noviy Arbat 2)和古姆国立百货商店附近的尼古拉斯卡亚大街(折页 H10)(🏠 Nikolskaya Ulitsa 7)。

气候/旅游时间

因为属于大陆性气候,莫斯科的冬天十分严寒,气温最低可达零下30℃。最舒适的月份是6—8月,气候温暖,有时炎热。春秋两季则可能因为湿冷而让人感到不适。

环城之旅

散客可以在酒店预订观光团。

实用信息

也可以乘坐市中心的红色双层观光巴士（Sightseeing Bus ⓒ 12月一次年3月，周一至周五10:00—17:50，周六、周日10:00—19:00；4—11月，周一至周五10:00—18:00，周六、周日10:00—19:00 @ www.hoponhopoff.ru）。该巴士沿途经过18个著名景点并提供中文讲解器。只要持有日票（¥800卢布），便可以在任一站点上下车。整条环线时长约70分钟，起点处位于红场。

出租车

在莫斯科打车价格不高。正规出租车一般是亮黄色，计费较高并且很少有空车。如果您在路边招手示意，许多私家车会停下，他们常揽些接送客的私活以赚取外快。

上车前一定要和司机协商好目的地和价钱，如果车上不只有司机一个人，就不要上车。只要没遇上堵车，在市中心打车到任意一个目的地的费用都在人民币52元以内。当然坐私家车就没有保险保障。除此以外，叫车App的计价标准固定，价位也不高，莫斯科通用的除了GetTaxi或者Yandex Taxi，还有Uber。另一个选择是只在白天运营的苏式小巴。花50卢布便可以乘坐这种新型蓝色小巴，它按照固定路线行驶，但可以根据乘客的需求在任意地点停靠。

电话/手机

只要出示身份证件，就可以在通信营业厅买到一张便宜的若干G sim卡，最多只需要500卢布，而且当

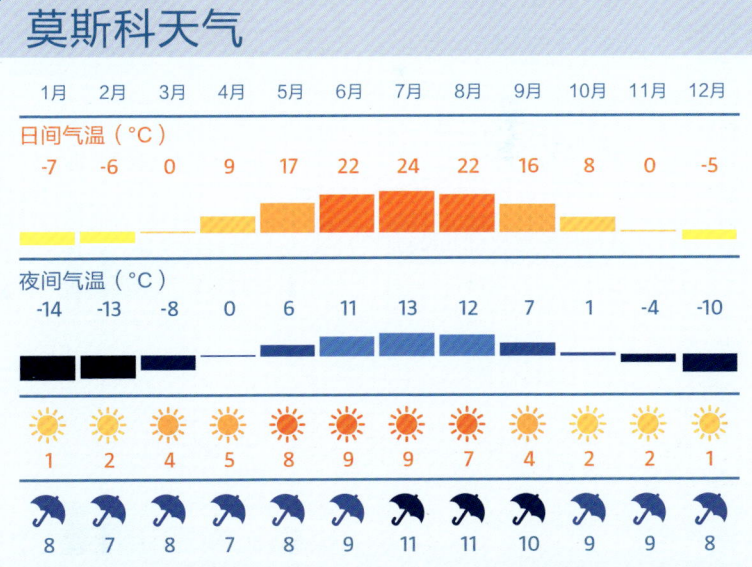

莫斯科天气

	1月	2月	3月	4月	5月	6月	7月	8月	9月	10月	11月	12月
日间气温（°C）	-7	-6	0	9	17	22	24	22	16	8	0	-5
夜间气温（°C）	-14	-13	-8	0	5	11	13	12	7	1	-4	-10
每天太阳照射时间	1	2	4	5	8	9	9	7	4	2	2	1
每月降雨天数	8	7	8	7	8	9	11	11	10	9	9	8

☀ 每天太阳照射时间　🌧 每月降雨天数

莫斯科

场可以激活。主要的通信运营商有Megafon、Beeline、MTS和Tele 2。莫斯科划分为两个电信服务区，老的电话线路区号是495，新的是499。拨打俄罗斯固定电话，须先拨8，并且等候一段空线信号音。如果在莫斯科境内用手机拨打电话，须加拨7495或7499。拨打中国电话需加拨86。

小费

在餐厅用餐，小费通常在消费总额的10%~15%。餐厅和剧院衣帽间不收费用，不过管理员通常是退休大妈，如果给一些小钱她们会很高兴。

零钱

在中国的日常消费中，50元和100元很常见，但在俄罗斯，同等价值的钞票却不一定能找开。有些出租车司机甚至连500卢布也找不开，烘焙摊前的女售货员看到1 000卢布的钞票更是直摇头。因此，建议在超市使用大面额钞票结账，以储备一些零钱。

无线网络

几乎所有的咖啡厅、餐厅还有地铁都覆盖了免费的无线网络信号（Wi-Fi）。

时间

莫斯科使用东三区时间，夏令时比北京时间晚4个小时，冬令时晚5个小时。

海关

如果出入境携汇金额超过10 000美元，必须填写外汇进口报关单。只有出示俄罗斯联邦文化部开具的许可证，才允许携带历史文物和艺术品出境。回到中国，携带总值在5 000元人民币以内的自用物品，250克鱼子酱，200支香烟，1.5升葡萄酒或者1升烈酒入境，海关予以免税放行。

签证

俄罗斯旅游签证分为单次和两次入境两种形式，在俄罗斯境内最多停留30天。对中国内地游客已经推出比较宽松的跟团免签政策，但自由行仍然需要办理签证。网上有许多机构能够协助办理俄罗斯旅游签证，手续较以前更加简便。如果希望在俄罗斯旅行一个月以上，则需要申办商务签证。

实用信息

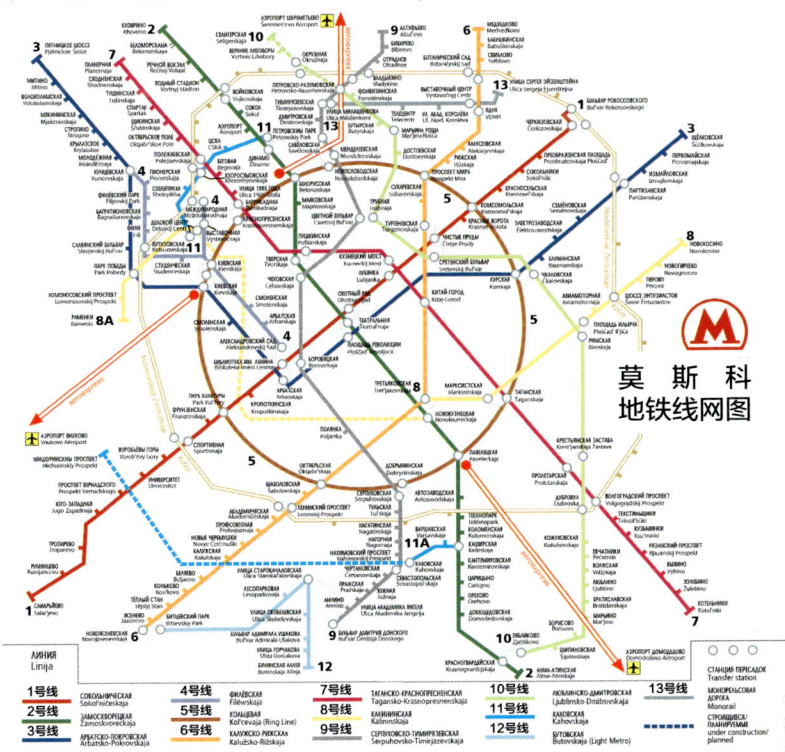

莫斯科地铁线网图

教你当地话

常用表达

是/不/可能	Да / нет / можетбыть
请/谢谢	Пожалуйста / спасибо
打扰一下!	Извините !
您有……吗?	У вас есть …?
……多少钱?	С колько стоит ...?
我（不）喜欢这个。	Это мне (не) нравится .
好/坏	хорошо / плохо
损坏的/不工作的	сломан / не работает
多/少	много / мало
救命! /注意!	На помощь !/ Внимание !
救护车	Скорая помощь
警察/消防员	полиция / пожарники
危险/危险的	опасность / опасно

问候/告别

早上好!/您好!/下午好!	Доброе утро !/ Добрый день !/ Добрый вечер !
晚安!	Спокойной ночи !
您好!/再见!	Привет !/ До свидания !
再见!	Пока !
我的名字叫……	Меня зовут …
您叫什么名字?	Как Вас зовут ?

日期/时间

周一、周二	понедельник / вторник
周三、周四	среда / четверг
周五、周六	пятница / суббота
周日	воскресенье
节假日	праздничный день
今天/明天/昨天	сегодня / завтра / вчера
小时/分钟	час / минута
天/夜/周	день / ночь / неделя
现在几点钟?	Который час ?

您会说俄语吗?
这里有重要的常用词汇和表达方式。

交通

开放/关闭	открыто / закрыто
入口/出口	вход / выход
出发/起飞/到达	отъезд / отлёт / прибытие
厕所	туалет
(没有) 饮用水	(нет) питьевой воды
……在哪里?	Где находится …?
左/右	налево / направо
直行/向后	прямо / назад
近/远	близко / далеко
巴士/有轨电车	автобус / трамвай
地铁/的士	метро / такси
公交车站	автобусная остановка
出租车停靠点	стоянка такси
火车站/码头	вокзал/порт
飞机场	аэропорт
旅欧路线/驾驶证	маршрут / билет
火车/铁轨	поезд / путь
站台	платформа
我想租借……	Я хочу взять напрокат …
一艘游船/一辆自行车	лодку / велосипед

用餐

请您帮我们预留今天晚上一张4个人的桌子。	Забронируйте нам пожалуйста сегодня на вечер стол на четыре человека .
请给我一张菜单。	Меню пожалуйста .
我想要……	Вы не принесёте мне …?
素食者/过敏	вегетарианец / аллергия
我想买单。	Я хочу заплатить .

购物

我想买……	Я хочу …/ Я ищу …
药店	аптека

莫斯科

购物中心	торговый центр
售货亭	киоск
贵/便宜/价格	дорого/дёшево/цена
更多/更少	больше/меньше

住宿

我预订了一个房间。	У меня забронирован номер.
您还有……吗?	У вас есть ещё …?
单人房	одноместный номер
双人房	двухместный номер
早餐/半膳	завтрак / полупансион
淋浴/浴缸	душ / ванна

西里尔字母表

字母	国际音标	罗马化	字母	国际音标	罗马化
Аа	/a/	a	Рр	（舌颤音,只是类似于 /r/）	r
Бб	/b/	b	Сс	/s/	s
Вв	/v/	v	Тт	/t/	t
Гг	/g/	g	Уу	/u/	u
Дд	/d/	d	Фф	/f/	f
Ее	/je/	ye	Хх	/h/	h
Ёё	/jo/	yo	Цц	/ts/	ts
Жж	/ʒ/	zh	Чч	/tʃ/	ch
Зз	/z/	z	Шш	/ʃ/	sh
Ии	/i/	i	Щщ	/ʃj/	x
Йй	/j/（辅音的и）	y	ъ	（硬音符号,不发音）	
Кк	/k/	k	ы	/ei/	ei
Лл	/l/	l	ь	（软音符号,不发音）	
Мм	/m/	m	Ээ	/e/	ai
Нн	/n/	n	Юю	/ju/	yu
Оо	/o/	o	Яя	/ja/	ya
Пп	/p/	p			

教你当地话

钥匙/房卡	ключ / карта - ключ
行李/手提箱	багаж / чемодан

银行/货币

银行/自动取款机	банк / банкомат
密码	пин код
我想要兑换……	Я хочу поменять …
现金/信用卡	наличные / кредитная карта

健康

医生/牙医/儿科医生	врач / зубной врач / детский врач
医院/急诊	больница / скораяпомощь
发烧/疼痛	температура / боли
腹泻/恶心	понос / тошнота
止痛药	средство от боли

电信/网络

邮票	почтовая марка
固定电话卡	телефонная карта для стационарной сети
手机预付卡	СИМ-карта для моего мобильника
充电器	зарядное устройство
无线互联网	беспроводной интернет

数字

0	ноль	10	десять
1	один	11	одиннадцать
2	два	12	двенадцать
3	три	20	двадцать
4	четыре	50	пятьдесят
5	пять	100	сто
6	шесть	200	двести
7	семь	1000	тысяча
8	восемь	½	одна вторая
9	девять	¼	одна четвертая

索引

All-Russia Exhibition Center 全俄展览中心 58
Alten Arbat 老阿尔巴特街 51、117
Andreyevskiy Monastery 安德烈耶夫斯基修道院 66
Andronikov Monastery 安德罗尼科夫救主修道院 59
Annunciation Cathedral 圣母领报大教堂 37
Aptekarskiy Ogorod 药草园 63
Archangel Cathedral 天使长主教座堂 36
Assumption Cathedral 圣母升天主教座堂 37
BolshoiTheatre 莫斯科大剧院 29、40、96
Boulevard Ring 林荫环路 40、41
Bulgakov Museum 国立布尔加科夫博物馆 52
Bulgakov, Michail 米哈伊尔·布尔加科夫 52、60、66、70
Central House of Artists 艺术家中心之家 46、51
Chekhov House-Museum 契诃夫故居博物馆 57
Chekhov, Anton 契诃夫 57、64
Chistyye Prudy 清塘 42
Church of the Deposition of the Robe 圣母法衣存放教堂 36
Church of the Resurrection at Kadashi 桶匠村的基督复活教堂 46
Dacha 达恰 24、65
Danilovsky Monastery 丹尼洛夫市场 74
Danilow-Kloster 丹尼洛夫修道院 59、109
Detsky Mir 儿童世界 54、121
Dom Na Naberezhnoy 莫斯科河边的房子 49
Dostojewsky, Fjodor 费奥多尔·陀思妥耶夫斯基 96、125
Experimentanium 实验博物馆 128
Filyovsky Park 菲利公园 128
Garage Museum of Contemporary Art 车库当代艺术博物馆 48
Gogol, Nikolai ·果戈里 52、64
Gorky House-Museum 高尔基故居博物馆 55、127
Gorky Park 高尔基公园 30、48、51、66
GUM 古姆国立百货商店 31、39、42、87
Holy Trinity Cathedral 圣三一教堂 62
Ivan the Great Bell Tower 伊凡大帝钟楼 36
Izmailovo Market 伊兹梅洛沃旧物市场 90
Jewish Museum and Centre of Tolerance 犹太博物馆与宽容中心 61
Kazan Cathedral 喀山圣母大教堂 39
Kitaigorod 中国城（基泰哥罗德）39
Kolomenskoye 科罗缅斯科耶 60、130
Kremlin in Izmailovo 伊兹梅洛沃的克里姆林宫 62
Kremlin 克里姆林宫 31、34、46、50、55、66、85、106、115、125、135
KuklachevCat Theatre 库克拉乔夫猫剧院 128
LeninMausoleum 列宁墓 31、38、115、121
Lomonosov Moscow State University 莫斯科大学 27、52、63
Lubjanka 卢比扬卡 40、43
Lumiere Brothers Centerfor Photography 卢米埃兄弟摄影中心 49
Majakowsky Museum 马雅可夫斯基博物馆 44
Manege 马涅什展览中心 55
Marina Tsvetaeva House-Museum 茨维塔耶娃故居博物馆 57
Metro 地铁 25、29、121、148
Monument to Minin and Pozharsky 米宁和波扎尔斯基纪念碑 39
Moscow Planetarium 莫斯科天文馆 66
Moscow Zoo 莫斯科动物园 129
Moskow Museum 莫斯科历史博物馆 50
Multimedia Art Museum 多媒体艺术博物馆 63
Museum Estate of Lev Tolstoy 托尔斯泰故居 67
Museum of Modern Art 当代艺术博物馆 44
Museum of Russian Valenki 毡靴博物馆 60
New Arbat Avenue 新阿尔巴特街 51
New Tretyakov Gallery 特列季亚科夫画廊新馆 50
Nikolskaya Tower 尼古拉塔 45
Nikolskaya Ulitsa 尼古拉斯卡亚大街 45、120
Nikulin Circus 尼库林马戏团 129
Novaya Opera 莫斯科新歌剧院 97
Novodevichy Cemetery 新圣女公墓 64
NovodevichyConvent 新圣女修道院 28、64
Old English Residence 古英格兰住宅 44
Ostankino TV Tower 奥斯坦金诺电视塔 59、131
Pashkov House 帕什科夫 55
Patriarch's Ponds 牧首塘 55、127
Patriarch'spalace
Peter the Great Statue 彼得大帝纪念雕像 46
Petrowsky Passage 彼得罗夫斯基购物长廊 81、88、120

在此可查询书中涉及的重要地名和景点，后附相关页码。

Pushkin House-Museum 53 普希金故居博物馆 56
Pushkin Monument 普希金纪念碑 56
Pushkin Museum of Fine Arts 普希金美术博物馆 56
Red Octorber 红色十月 57
Resurection Gate 耶稣复活门 32
Roshdestvensky Monastery 罗日杰斯特文斯基修道院 42
Russian Harmonica Museum 手风琴博物馆 55
Saviour Gate Tower 救主门塔 36
Serebryany Bor 银松林 63
Sergiyev Posad 谢尔吉耶夫镇 61
Soviet Arcade Games Museum 苏联游戏机博物馆 45、121
Sparrow Hills 麻雀山 28、59、66
State History Museum 俄罗斯国家历史博物馆 34
Tchaikovsky Concert Hall 柴可夫斯基音乐厅 101
The Moscow State Conservatory 莫斯科音乐学院 100、125
Tretyakov Gallery 斯坦尼斯拉夫斯基音乐剧院 97
Tretyakov Gallery 特列季亚科夫画廊 29、51
Trinity Gate Tower 三一门塔 35
Troitse-Sergieva Lavra 圣三一修道院 61
Troitsky Bridge 圣三一桥 32、35、125
Tschaikowski, Pjotr 彼得·柴可夫斯基 40
Tsvetaeva, Marina 茨维塔耶娃 51、57、58
Tverskaya Ulitsa 特维尔大街 42、51、82
Varvarka Ulitsa 瓦瓦卡大街 44
Victory Park 胜利公园 66
Vinzavod Cultural Center 温萨沃德文化中心 73、100、117
VodkaMuseum 伏特加博物馆 63
VorobyovyGory 麻雀山 28、59、66
Vysoko-Petrovskiy Monastery 圣彼得修道院 42
Yeliseyev 叶利谢耶夫食品商场 86、119
Zaryadie Park 扎里亚季耶公园 29、46

图片来源：

封面图片：圣瓦西里主教座堂（Look/age fotostock）

图 片：P. Akinina（45）；O. Alyoshina（封二右、6上、16、17、82/83）；C. Braemer（5）；DuMont Bildarchiv：Teschner/Gaasterland（40、64/65、130/131、131）；F. M. Frei（19）；Getty Images：W. Bibikow（18）、M. Freeman（73）、F. M. Frei（50）、J. Hicks（13）、M. Ryazanov（120）、Vostok（20上）、V. Zakharov（10）；Getty Images/AFP：Y. Kadobnov（28/29）、V. Maximov（129）；Getty Images/Anadolu Agency/Kontributor（128/129）；Getty Images/Bloomberg/Kontributor(89)；Getty Images/Loop Images/Kontributor（87）；huber-images: A. Armellin(58)、K. Dadfar（37）、Gräfenhain（3、7、60、114/115）、L. Linder（20中、49、104/105）、G. Simeone（56）；La Terra Magica: Lenz（封二左）；Laif: D. Asbach（70）、W. Buss（62）、Heuer（84）、Hill（78）、J. Hill（110）、Y. Kozyrev(99)、Nicholl（94/95、130）；Laif/Le Figaro Magazine: E. Martin（34）；Laif/Redux: Kozmin（96）；Laif/SZ Photo: J. Giribas（15、67、106）Look: Frei（133）；Look/age fotostock（1、8/9、38）；mauritius images：R. T. Frank（21下）、

莫斯科

C. Lux（48）；mauritius images/Alamy（14）、S. Reddy（79）、N. Vinokurov（100）、J. Williams（22/23、132下）；mauritius images/Alex's Pictures-Moscow/Alamy（24）；mauritius images/Art Directors & TRIP/Alamy（26/27）；mauritius images/Blend Images/Hill Street Studios（128）；mauritius images/Cultura：K. C. Moore（20下）、C. Schneider（21上）；mauritius images/eFesenko/Alamy（91）；mauritius images/foodcollection（74右）；mauritius images/imagebroker：I. Sinitsyn（32）、J. Woodhouse（74左）；mauritius images/Photofoyer One：Herfort（113）；mauritius images/TPP：N. Lisovskaya（6下、68/69）；mauritius images/Westend61/Fotofeelin（52、132上）；mauritius images/Westend61/Fotofeeling（42/43）；mauritius images/Zoonar/Alamy（125）

在旅行
Traveling

find joy in the journey

禁忌事项

钱财外露

俄罗斯经济极度困窘的年代已经过去，即便如此，也不要把大量现金暴露在外——因为小偷一直都在。避免把现金和重要文件放在外面的口袋。挤地铁的时候务必留意手提包的安全。

陷入街头骗局

骗子主要活跃在红场一带。如果有个行人突然把"本来"在地上"捡到"的一沓现金塞到您手里，千万不要接受。因为您马上可能被讹一笔钱。

喝陌生人的饮料

如果准备和一个陌生但风趣的莫斯科人喝一杯，务必喝自己杯子和自己瓶子里的饮料，也不要接出租车司机、顺风车司机递过来的饮料。

上下班高峰期乘地铁

通常情况下，地铁是最快的交通工具。但是在交通高峰时间（8:00—10:00和18:00—20:00），地铁里总是人满为患。如果害怕拥挤，就应该避免在此时段乘坐市中心的地铁。

站在水洼边和冰柱下

在下雨和融雪天气，街面上常形成大面积水洼，汽车基本无法绕行。请注意和水洼保持距离！此外，在融雪天气不要紧挨着建筑物的墙根行走，每年都有一些人被坠落的冰柱砸死。不是每一个危险的位置都会做出标记。请您务必小心谨慎。

穿高跟鞋散步

许多莫斯科女性到了剧院才在衣帽间换上高跟鞋，把适合在马路上行走的鞋存放在那里。

乘坐靠谱的出租车

您可以预约一辆正规出租车或者在街边招手唤来一辆私家车，这在莫斯科很平常。但是要确保车上只有司机一个人，并且在他看起来清醒正常的时候才上车。上车前一定要和司机协商好价钱。

随意横穿马路

如果您珍爱生命，请走地下人行通道并注意交通信号灯，即使这样也要绕远路。莫斯科人开车速度很快，并且常常不注意行人。